Die ersten 100 Tage als Chef

Falken & Pitman Management

Richard Koch

Die ersten 100 Tage als Chef

Das Trainingsprogramm für Vorgesetzte

Übersetzung:
Dr. Waltraud Kolb (Wien)

Fachliche Beratung:
Prof. Dr. Franz Giesel (Wiesbaden)

FALKEN

the Institute of Management

Inhalt

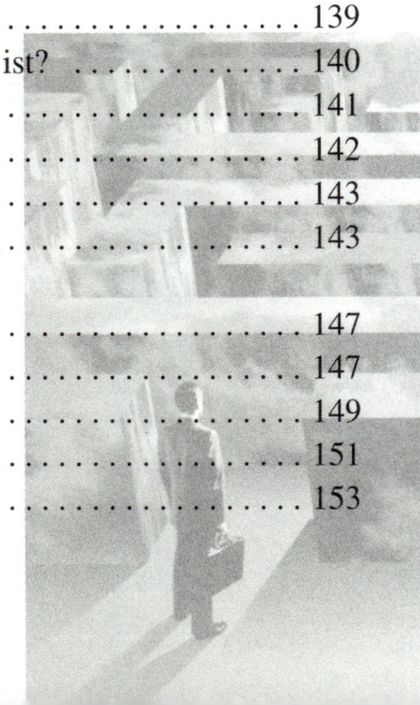

Vorwort

Dies ist ein Buch für alle frischgebackenen Chefs: für alle, die in ihrer neuen Funktion die Aufgabe haben, andere zu führen. Dabei spielt es keine Rolle, ob das Ihr erster Chefposten ist oder Ihr zwanzigster. Es ist auch egal, um welchen Posten es geht: ob Sie zur Leiterin der Telefonvermittlung in einem Kleinunternehmen ernannt wurden, zum Chefkoch oder zum Polizeiinspektor, oder ob Sie bei einer Wohltätigkeitsorganisation die Abteilung für das Sammeln von Spenden leiten, Werkmeister in einer Fabrik sind, Geschäftsführerin einer Boutique oder eines Verlags, Vorstandsdirektor der französischen Tochter eines Multis, Fernsehproduzent, Minister in der neu gewählten Regierung oder Präsident einer Mineralölgesellschaft. Millionen Menschen stehen Jahr für Jahr vor der Situation, plötzlich der neue Chef oder die neue Chefin zu sein.

Es sind unzählige Management-Ratgeber auf dem Markt. Aber nicht einer davon sagt Ihnen, was Sie als frischgebackener Chef tun müssen. Sie denken vielleicht, daß sich die jeweiligen Funktionen und Unternehmen so sehr voneinander unterscheiden, daß man gar keine allgemeingültigen Richtlinien aufstellen kann: Das stimmt aber nicht. Es gibt viel mehr Gemeinsamkeiten als Unterschiede. Jeder neue Chef muß sich behaupten. Jeder muß Leute zufriedenstellen – Kunden bzw. deren Chefs –, die sich seinem direkten Einfluß entziehen. Jeder Chef verfügt über ein Budget, das aber nie groß genug ist. Jeder hat Mitarbeiter, die er einsetzen kann, die er aber niemals ganz in seiner Gewalt haben wird (es sei denn, es handelt sich um ein Straflager). Alle Chefs betreten also Neuland, und keiner weiß so recht, wie er es am besten anpacken soll. Jeder von ihnen ist dabei Stürmen und Gefahren ausgeliefert, wie er sie bis dahin nicht gekannt hat.

Sie alle werden einen solchen Ratgeber gut brauchen können.

Als neuer Chef haben Sie es nicht leicht. Sie können sicher sein, daß zumindest einer Ihrer Leute (die ich als „Mitarbeiter“ oder „Teammitglieder“ bezeichnen werde, und nicht mit dem veralteten Begriff der „Untergebenen“) glaubt, eigentlich hätte er an Ihrer Stelle den Chefsessel verdient. Und vielleicht hat er oder sie sogar recht. Aber auch wenn der Betreffende nicht recht hat, kennen solche Leute das Terrain Ihres zukünftigen Reiches wahrscheinlich viel besser als Sie: den Morast, die Untiefen, die Leichen im Keller. Man wird Sie genau beobachten und nach Zeichen suchen, die auf Schwäche oder mangelnde Kompetenz hindeuten, nach Beweisen, daß Sie der Aufgabe nicht gewachsen sind.

Bei Ihren Vorgesetzten können Sie anfangs noch mit Wohlwollen rechnen: Sie werden nach Zeichen suchen, daß sie mit Ihnen die richtige Entscheidung getroffen haben. Doch läßt man heutzutage bei jemandem, der eine leitende Funktion übernimmt, kaum mehr eine Entschuldigung gelten, wenn er oder sie nicht von Anfang an alles perfekt macht.

Sie müssen herausfinden, wie Ihr Team am besten funktioniert. Sie werden schwierige Kunden zufriedenstellen und mit skrupellosen Konkurrenten fertig werden müssen. Außerdem werden Sie, und das ist wahrscheinlich das Schwierigste von allem, mit dem Launischsten und Unberechenbarsten zu kämpfen haben, das es überhaupt gibt – mit sich selbst, Ihren eigenen Erwartungen, Ihren Hoffnungen, Ihren Ängsten und Selbstzweifeln.

Und das alles nicht in einem stillen Labor oder einem abgeschiedenen Elfenbeinturm, sondern in der Hitze des Gefechtes, auf dem Höhepunkt einer Krise. Vom ersten Tag an wird es zu Konfrontationen mit Ihrem Team kommen, und Ihre Mitarbeiter werden alles mögliche von Ihnen wollen. Gerade wenn Sie in Ruhe an etwas Wichtigem arbeiten, wird jemand mit seinem Anliegen vor Ihnen stehen.

„Ich möchte eines von Anfang an klarstellen", wird es heißen. Oder: „Ich möchte Ihnen erklären, wie ich das sehe." Oder (subtiler): „Sie können mit meiner Unterstützung rechnen, nehmen Sie sich aber vor XY in acht." Was immer man Ihnen gegenüber äußert, Sie können sicher sein, daß noch viel mehr, und meist Schlimmeres, in der Kaffeeküche geflüstert oder beim Bier oder per Telefon unter die Leute gebracht wird.

Sämtliche Sünden Ihres Vorgängers oder Ihrer Vorgängerin, all die Dinge, die er oder sie getan oder zu tun versäumt hat, werden plötzlich aus dem Nichts auftauchen. Sie werden Ihnen zu schaffen machen, wenn Sie am allerwenigsten damit rechnen – die tickenden Zeitbomben, die eingegangenen Risiken, die unausgesprochenen Allianzen, die verborgenen Kompromisse, die Rivalitäten mit anderen Abteilungen des Unternehmens, die verschlafenen Investitionen in die Zukunft, die nicht eingehaltenen Standards und die schwierigen Entscheidungen, die aufgeschoben wurden. Sie werden mit Problemen fertig werden müssen, die Sie nur zur Hälfte kennen und nur zu einem Viertel verstehen. Und trotzdem wird man von Ihnen erwarten, daß Sie alles im Griff haben und immer die richtige Entscheidung treffen.

Was in aller Welt erwartet man also von Ihnen? Ist es besser, von Anfang an hohe Ansprüche zu stellen oder sich locker zu geben? Konzentrieren Sie sich darauf, schnell zu handeln, auch wenn das bedeutet, daß Sie vielleicht etwas Falsches tun? Versuchen Sie, vom ersten Tag an alles zu verändern, oder weckt man schlafende Hunde besser nicht? Fällen Sie Ihre Entscheidungen im Alleingang oder diskutieren Sie lieber alles aus? Ist es besser, Probleme und Lösungsmöglichkeiten erst zu analysieren und abzuwarten, bis man alle Informationen hat? Oder ist es besser, seinem Instinkt zu folgen, der einem sagt, was wichtig ist, auch wenn das nur die eigene Sicht der Dinge ist? Schlagen Sie sich auf die Seite derer, die in Ihrer Abteilung den Ton angeben, oder halten Sie sich besser heraus? Sollte man immer versuchen, einen Konsens herzustellen, oder lieber nur das tun, was man selbst für richtig hält?

Auf keine dieser Fragen gibt es eine einfache Antwort. Diese hängt nämlich immer von etwas ab: von Ihnen, Ihrem Team, Ihren Kunden, Ihren Konkurrenten, Ihren Vorgesetzten und der Unternehmenskultur. Diese vielen Faktoren führen zu vielen Unsicherheiten. Deshalb hat wohl bisher kaum jemand gewagt, ein Buch wie dieses zu schreiben. Lassen Sie sich aber nicht entmutigen. Wenn man weiß, wodurch sich erfolgreiche neue Chefs von erfolglosen unterscheiden, hat man schon viel gewonnen. Es gibt ein paar Richtlinien, die Ihnen sagen, worauf Sie achten müssen. Wenn Sie sie mit ein wenig Verstand und Fingerspitzengefühl anwenden, werden Sie in jeder Situation die passende Lösung finden.

Der Ratgeber für frischgebackene Chefs ist also kein Ding der Unmöglichkeit – er ist eine Art Reiseführer für das Neuland, das Sie gerade betreten haben. Über die Grenzen und den Nutzen eines solchen Ratgebers müssen Sie sich allerdings im klaren sein. Sie bekommen keine Standardanweisungen vorgesetzt, die Sie so einfach – unabhängig von der jeweiligen konkreten Situation – übernehmen können. Dieser Ratgeber hilft Ihnen aber, die Situation, vor der Sie plötzlich stehen, schneller zu durchschauen, und so erleichtert er Ihnen die Entscheidung darüber, welche Richtung Sie einschlagen sollen, und er wird Ihnen helfen, die Erfolgschancen bestimmter Strategien einschätzen zu können. Vor allem will er Sie aber auch dazu bewegen, Ihre Führungsrolle aktiv wahrzunehmen.

Das Buch, das Sie in der Hand halten, sagt Ihnen also nicht, ob oder wann Sie in die Oper gehen sollen oder in eine Ausstellung, in den Park, in ein Restaurant oder zum Pferderennen. Es hilft Ihnen aber sehr wohl dabei, selbst herauszufinden, wohin Sie gehen wollen. Und es sagt Ihnen auch, wenn Sie sich erst einmal entschieden haben, wie Sie dann dorthin kommen. Es werden die Kosten jeder Option aufgezeigt, die Fallen, die überall lauern, aber auch, wie man am kosteneffektivsten und angenehmsten ans Ziel gelangt.

Lassen Sie sich vom lockeren, saloppen Stil nicht täuschen. Ich nehme die Verantwortung, die Sie mit Ihrem neuen Job übernommen haben, genauso ernst wie Sie selbst. Es geht natürlich in erster Linie um Ihre Interessen, doch geht es auch um die Interessen Ihres Teams, des Unternehmens und der Gesellschaft im allgemeinen, zu der Unternehmen schließlich auch gehören. Der größte Teil dessen, was hier niedergeschrieben wurde, geht auf persönliche Erfahrung zurück. Das Buch steht vielen Dingen skeptisch gegenüber, ist deshalb aber nicht zynisch. Das Wichtigste ist, daß Ihnen und Ihrem Team die Arbeit Spaß macht. Und auf die eine oder andere Weise, ob im Kleinen oder im Großen, sollte sie auch der Menschheit dienlich sein: indem die Grundversorgung und bestimmte Dienstleistungen sichergestellt werden, Qualitätsstandards angehoben werden, mehr Wert geschaffen wird, lebenswichtige Bedürfnisse befriedigt werden oder auch Farbe und Vielfalt ins Leben gebracht werden. Leisten Sie Ihren Beitrag dazu, indem Sie ein besser vorbereiteter – und damit ein besserer – Chef sind!

Richard Koch

KAPITEL 1

Zur Vorbereitung: Ihr Privatleben

Nehmen Sie Ihren neuen Job zum Anlaß, sich ein paar Gedanken über Ihre berufliche Situation und Ihr Privatleben zu machen. Als neuer Chef wird in jedem Fall sehr viel von Ihnen verlangt werden. Ihr Erfolg wird genauso von der Unterstützung abhängen, die Sie von Ihrer Familie oder Ihrem Partner/Ihrer Partnerin* bekommen, wie davon, was am Arbeitsplatz passiert. Dieses Kapitel wird Ihnen dabei helfen abzuschätzen, ob Sie von Ihrer Familie oder Ihrem Partner Unterstützung erwarten können – oder ob Sie eher mit Schwierigkeiten rechnen müssen. Und es hält ein paar Tips parat, wie Sie die häusliche Front sichern können, bevor Sie mit dem neuen Job anfangen.

Viele Leser leben wahrscheinlich alleine oder haben gerade keinen festen Partner. Wenn Sie zu dieser Gruppe gehören, können Sie dieses Kapitel rasch überfliegen oder auch ganz überspringen. Gehören Sie aber nicht dazu, sollten Sie sich ganz bewußt und sehr eingehend mit Ihrer Beziehung zu Ihrem Partner oder Ihrer Partnerin befassen. Wenn Sie das Kapitel gelesen haben, bitten Sie Ihren Partner oder Ihre Partnerin, es auch zu lesen. Sie wissen dann beide über die Art Ihrer Beziehung und die Auswirkungen, die Ihr neuer Job möglicherweise darauf haben wird, Bescheid und haben für die Zukunft eine gute Gesprächsbasis.

* Aus Gründen der Lesbarkeit werden in der Folge grundsätzlich männliche Pronomina verwendet, obwohl weibliche Fürwörter in den meisten Fällen natürlich ebenso gültig wären.

IHR NEUER JOB UND IHRE PARTNERSCHAFT

Charles Handy spricht in seinem sehr anregenden Buch *The Age of Unreason* von der „Portfolio-Ehe". Ich möchte den Begriff als „Portfolio-Partnerschaft" übernehmen. Das Prinzip läßt sich auf alle festen Partnerschaften zwischen zwei Menschen anwenden, unabhängig davon, ob sie nun verheiratet sind oder nicht. Der Ausdruck „Portfolio-Partnerschaft" besagt, daß eine Partnerschaft an die jeweilige berufliche Situation eines Partners oder auch beider Partner angepaßt werden sollte. Wenn man sich nicht gründlich mit den möglichen Auswirkungen der beruflichen Situation auseinandersetzt, wird entweder die Beziehung oder die berufliche Leistung oder sogar beides darunter leiden.

Wir alle haben bestimmte Persönlichkeitsmerkmale. Das heißt, daß wir unser Verhältnis zu unserem Partner und seiner beruflichen Situation dann am angenehmsten empfinden, wenn es einem bestimmten Muster entspricht. Manchmal verträgt sich das von Haus aus mit dem Arbeitsalltag, manchmal nicht. Wenn es sich nicht verträgt, müssen die beiden Partner Mittel und Wege finden, um die beruflichen Anforderungen, Privat- bzw. Familienleben und das eigene Verhalten so zu verändern, daß alles besser zusammenpaßt. Harmonieren diese Faktoren nämlich nicht, dann werden Sie entweder beruflich versagen, oder aber Ihre Partnerschaft wird stark darunter leiden oder vielleicht sogar ganz zerbrechen. Nehmen Sie die Gefahren, die mit einer neuen beruflichen Herausforderung verbunden sind, nicht auf die leichte Schulter. Wenn einem bestimmte Muster aber erst einmal bewußt sind – und das ist das Gute an der Sache –, dann kann man etwas unternehmen, um eventuelle Schwierigkeiten abzubauen oder ganz aus dem Weg zu räumen. Die „Portfolio-Partnerschaft" besagt nun, daß jede Partnerschaft über eine bestimmte Anzahl (ein Portfolio) möglicher Muster verfügt, die sie jeweils zu verschiedenen Zeiten aktualisiert, und zwar je nachdem, welches Muster am besten der jeweiligen beruflichen Situation eines Partners oder beider entspricht. Wenn Sie sich das Prinzip zu Herzen nehmen, werden Sie sowohl im Beruf als auch in Ihrer Partnerschaft eher Erfolg haben.

Die vier Persönlichkeits- und Verhaltenstypen nach Charles Handy

Handy unterscheidet vier Persönlichkeits- und Verhaltenstypen, wobei er von den folgenden zwei Persönlichkeitsdimensionen ausgeht:

- Leistungs- und Machtstreben (das Bedürfnis, Erfolg sowie Macht und Einfluß zu haben), wobei diese Dimension entweder stark oder schwach ausgeprägt sein kann; und
- Unterstützungs- und Fürsorglichkeitsbestreben (der Wunsch, dem anderen zu helfen und ihn zu unterstützen bzw. sich um ihn zu kümmern) im Gegensatz zum Streben nach Unabhängigkeit (dem Wunsch, seine eigenen Dinge zu tun).

Auf Grundlage dieser zwei Dimensionen entwarf Handy folgende Matrix mit vier Typen:

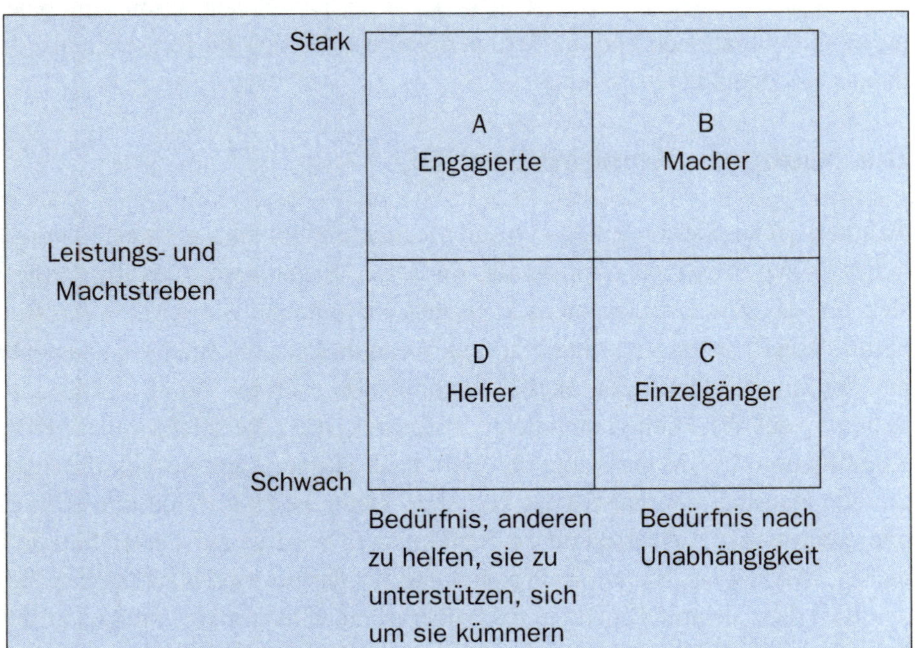

In welche Kategorie fallen Sie?

Menschen vom Typ A, die Engagierten, streben nach Leistung und Macht, sind aber auch bereit, anderen zu helfen und sich um andere zu kümmern. Die Macher, Menschen vom Typ B, sind die typischen Yuppies. Sie sind ehrgeizig und arbeiten sehr viel, haben aber kaum die Zeit oder das Bedürfnis, anderen zu helfen. Außerdem ist ihnen ihre Unabhängigkeit sehr wichtig. Bei Menschen vom Typ C, den Einzelgängern, sind alle genannten Elemente mit Ausnahme des Strebens nach Unabhängigkeit sehr schwach ausgeprägt: Sie sind nicht ehrgeizig, interessieren sich aber auch nicht für andere Menschen und setzen sich nicht für sie ein. Die fürsorglichen Menschen vom Typ D, die Helfer, streben nicht nach persönlicher Leistung oder Macht, sondern wollen in erster Linie anderen helfen. Sie brauchen sicher keinen Persönlichkeitstest, um sich und Ihren Partner in diese Matrix einzuordnen. Tun Sie das jetzt: Ordnen Sie sich und Ihren Partner einer der vier Kategorien zu!

Es gibt zehn mögliche Kombinationen für Sie und Ihren Partner, dabei spielt die Reihenfolge (ob Sie mit sich oder Ihrem Partner beginnen) keine Rolle: AA, AB, AC, AD, BB, BC, BD, CC, CD, DD. Sehen wir uns ein paar dieser Kombinationen und die Schwierigkeiten, die sich für Ihren neuen Job daraus ergeben können, näher an.

Die häufigste Kombination: BD

Nehmen wir an, Sie sind ein B-Typ (ein Macher) und Ihr Partner ist ein fürsorglicher D-Typ. Aus Ihrer Sicht ist das die ideale Kombination, da Ihr Partner sich um das Zuhause kümmern kann und Sie unterstützen wird, wenn Sie beruflichen Belastungen ausgesetzt sind. Wenn Ihr Partner keinen Ganztagsjob hat, der ihn sehr fordert, ist die BD-Kombination auch für ihn ideal. Das alte Stereotyp des glücklich verheirateten Ehepaares ist ein Beispiel für diese BD-Kombination: Der Mann bringt das Geld nach Hause, während sich die Frau um den Haushalt und die Kinder kümmert. Heute ist es vielfach umgekehrt, und wenn beide Partner damit zurechtkommen, wird es auf Dauer funktionieren. (Auch wenn Sie ein B-Typ sind und Ihr Partner ein D-Typ sollten Sie den Rest dieses Kapitels nicht einfach überschlagen. Allerdings muß dann Ihr Partner auch in Zukunft immer mit seiner D-Rolle zufrieden sein und Sie immer einen Job haben, der Sie fordert und bei dem Sie Erfolg haben. Überlegen Sie sich deshalb auch einmal, welche anderen Kombinationen möglich wären, falls sich eine dieser Bedingungen irgendwann ändert.)

Die AA-Kombination: zwei engagierte Menschen

Sehen wir uns nun die Situation eines AA-Paares an, das Handys Untersuchungen zufolge die zweithäufigste Kombination nach BD ist.

Wenn beide Partner A-Typen sind, sind beide ehrgeizig, aber auch beide fürsorglich und kooperativ. Meist haben sie gemeinsame Freunde und Interessen; ihr Leben ist hektisch und vollgepackt. Beide Partner erledigen den Haushalt, kochen oder kümmern sich um die Kinder. Meistens haben beide ein Universitätsstudium oder eine gleichwertige Ausbildung absolviert. Die Gespräche bei den Mahlzeiten drehen sich in der Regel um die Arbeit und um Ideen (im Unterschied zu BD-Paaren, bei denen sich solche Gespräche um irgendwelche Ereignisse oder Dinge drehen, die erledigt werden müssen). AA-Partnerschaften sind Beziehungen von gleichberechtigten Partnern: Ihren Freunden würde es schwerfallen zu sagen, wer von Ihnen beiden eigentlich der dominante ist.

Wenn Sie in diese Kategorie fallen, wird das Problem vor allem sein, daß Sie beide vielleicht nicht genug Energie und Zeit haben, Ihre beruflichen Ziele zu verwirklichen und auch noch ein befriedigendes und schönes Privat- oder Familienleben zu führen. Besonders akut wird das Problem, wenn beide Partner beruflich sehr viel unterwegs sind.

Zwei meiner nettesten Freunde, Frank und Sabine, reisen aus beruflichen Gründen ständig in der ganzen Welt herum: sie haben zwei Kinder, 9 und 11 Jahre alt, einen Hund, der auch seinen Teil fordert, und auch noch zwei große Häuser. Sie kümmern sich gemeinsam um den Haushalt. Fast alle ihrer Freunde sind gemeinsame Freunde. Unlängst mußte Frank in Mexiko Urlaub machen, um Sabine und die Kinder zu sehen. Sie hatte dort für einen Monat beruflich zu tun, und die Kinder waren mit ihr gefahren. Ihre Partnerschaft scheint vor allem deshalb zu funktionieren, weil sie sich ein Au-pair-Mädchen, eine Haushaltshilfe und einen Gärtner leisten können. Manchmal machen mir die Belastungen, denen sie durch den ständigen Zeitdruck ausgesetzt sind, aber doch auch Sorgen.

Die AA-Kombination: mögliche Belastungen durch den Jobwechsel

Wenn Sie eine AA-Beziehung haben und einen neuen Job angeboten bekommen, sollten Sie klären, ob sich Ihre Arbeitszeiten sehr verlängern und Sie sehr viel mehr reisen müssen als bisher. Wenn dem so ist, werden Sie letzten

Endes, bewußt oder unbewußt, Ihrem Partner einen verhältnismäßig größeren Teil der Hausarbeit aufhalsen und (weil Sie keine Zeit mehr haben) auf viele gemeinsame Aktivitäten verzichten müssen, die Ihnen bisher viel bedeutet haben.

Wenn Sie sich der Gefahren bewußt sind und wichtige Streßfaktoren wie sehr lange Arbeitszeiten und übermäßige Reisetätigkeit zu vermeiden wissen, werden sich die Belastungen in vertretbaren Grenzen halten lassen. Sehr ehrgeizige und arbeitsame Menschen werden aber auch leicht das Opfer eines puritanischen Arbeitsethos, nach dem Engagement und Leistung an investierter Zeit oder fehlendem Wohlbehagen gemessen werden. Meist können wir genauso viel oder vielleicht sogar noch mehr leisten, wenn wir unsere Arbeitszeit um 30 Prozent reduzieren, unseren Tagesablauf besser organisieren (oder das von einem Mitarbeiter erledigen lassen) und mehr delegieren. Doch die meisten schaffen das nicht. Man braucht paradoxerweise sehr viel Willenskraft und Selbstdisziplin, um weniger zu arbeiten. Konzentrieren Sie sich daher stärker auf das Ergebnis als auf den Kraftaufwand. Analysieren Sie einmal, was Sie im Laufe einer Woche getan haben und was Sie davon ohne weiteres hätten delegieren können. Sie werden überrascht sein, was man alles tun – oder nicht tun – kann. Solange Sie weiterhin effizient arbeiten, brauchen Sie kein schlechtes Gewissen zu haben, wenn Sie das Leben mehr genießen.

Mit dem Reisen ist es genauso. Dank der modernen Kommunikationstechnologie (Telefon, Fax, Modem, Voice-Mail, Telefon- und Videokonferenzen) ist es nicht mehr notwendig, daß wir dauernd quer durchs Land oder in der ganzen Welt herumhetzen. Das ist nur körperlich und geistig ermüdend, und wir sind dann viel weniger produktiv, als wir es in unserem Büro wären. Unternehmen Sie nicht einfach deshalb eine Geschäftsreise, weil es immer so war. Fragen Sie sich, ob es wirklich notwendig ist oder, wenn der persönliche Kontakt wichtig ist, ob nicht jemand anderer an Ihrer Stelle fahren könnte. Vielleicht können Sie auch die Person, die Sie treffen wollen, dazu überreden, zu Ihnen zu kommen. Wenn Sie nicht einfach nur um des Reisens willen besonders gerne reisen (in dem Fall wären Sie wahrscheinlich eher ein B- als ein A-Typ), dann reduzieren Sie Ihre Reisetätigkeit drastisch. Machen Sie nur dann eine Ausnahme, wenn es den Ergebnissen Ihrer Arbeit schaden würde.

Die Anwendung der Portfolio-Partnerschaft: von AA zu BD?

Wenn Sie diese Ratschläge befolgen, werden Sie Ihre AA-Partnerschaft vielleicht aufrechterhalten können. Sie müssen sich aber gründlich damit auseinandersetzen, inwieweit die AA-Konstellation in der Form noch haltbar ist, wenn Ihr Wechsel zu einem neuen Job, bei dem Sie mehr als bisher gefordert sind, mit einer Veränderung in Ihrem Privatleben zusammenfällt oder einer solchen unmittelbar vorangeht. Solch eine Veränderung kann zum Beispiel ein Kind sein, ein Umzug in ein größeres Haus, von dem es vielleicht auch noch weiter bis zur Arbeit ist, oder wenn Ihr Partner zur selben Zeit ebenfalls beruflich mehr gefordert wird. Unter Umständen müssen Sie die AA- durch eine BD-Konstellation ersetzen. Das bedeutet, daß einer von Ihnen seinen Job (zumindest vorübergehend) aufgibt, um sich um die Familie zu kümmern und den anderen bei seinem beruflichen Aufstieg zu unterstützen. Diesen Weg sollte man allerdings nur wählen, wenn beide Partner damit einverstanden sind und sich über die Opfer, die sie bringen müssen, im klaren sind: Der Partner, der weiterhin den anstrengenden Ganztagsjob hat, wird sich damit abfinden müssen, daß er „Anteile am Heimatmarkt" verlieren wird, und dem anderen, der aufhört zu arbeiten, wird auch manches fehlen. Als der Partner, der seine berufliche Laufbahn vorübergehend hintanstellt, sollte man sich möglichst die Option offenhalten, später wieder an seinen Arbeitsplatz zurückkehren zu können. Oder man nimmt einen bezahlten oder sogar unbezahlten Teilzeitjob an, um weiterhin eine berufliche Herausforderung zu haben.

Partner, die beide A-Typen sind und Jobs haben, die sie sehr beanspruchen, können auch zu einer BB-Beziehung wechseln. Aber sehen wir uns diese Variante zuerst einmal etwas näher an.

Die BB-Kombination: Macher mit Doppeleinkommen

Normalerweise handelt es sich bei der BB-Konstellation um zwei Macher, die vor allem darauf bedacht sind, beruflich weiterzukommen. Sie haben kaum das Bestreben, für andere zu sorgen oder andere zu unterstützen, und ein starkes Bedürfnis nach Unabhängigkeit. Solche Beziehungen sind geprägt von freundschaftlichem (manchmal allerdings auch feindseligem) Konkurrenzdenken, hohen Einkommen, hohen Ausgaben und minimalen häuslichen Verpflichtungen. Ohne Kinder funktioniert die BB-Konstellation sehr gut. Zum Beispiel Lisa und Alex, die als unverheiratetes Paar zusammen leben. Beide sind beruflich sehr gefordert, verdienen sehr viel und haben ihre eigenen Interessen. Lisa hat eine Führungsposition in einer PR-Agentur inne und eine vielversprechende Karriere vor sich; Alex ist als Steuerberater ebenso erfolgreich. Beide arbeiten über 70 Stunden in der Woche und sind sehr viel unterwegs. Wenn sie einen Abend zusammen verbringen, gehen sie fast immer essen oder lassen sich etwas nach Hause bringen, während sie, jeder für sich, noch arbeiten oder lesen. Sie haben getrennte Freundeskreise und gehen in ihrer Freizeit unterschiedlichen Interessen nach. Vielen mag diese Partnerschaft als minimalistisch erscheinen, doch sie funktioniert sehr gut. Es gibt auch viele Beispiele für erfolgreiche BB-Ehen, allerdings haben nur die wenigsten dieser Paare Kinder.

BB-Partnerschaften, die gut funktionieren, nehmen sehr stark Dienstleistungen von außen in Anspruch, um die Hausarbeit auf ein Minimum zu beschränken. BB-Paare haben weder die Zeit noch die Lust, sich um den Haushalt zu kümmern, und sind deshalb oft von einer ganzen Heerschar von Personen umgeben, die man in früherer Zeit als Dienstboten bezeichnet hätte. BB-Paare haben Putzfrauen, Kindermädchen, Au-pair-Mädchen, Gärtner, Chauffeure, Haushälterinnen, Wohnraumdesigner, Leute, die auf ihr Haus aufpassen und persönliche Assistenten. Sie sind Stammkunden in Restaurants und Hotels. Sie haben mehrere Kreditkarten. Wenn sie zu Hause essen, haben sie jemanden, der für sie kocht, oder sie begnügen sich notfalls mit teuren Fertiggerichten. BB-Paare sind deshalb auch, obwohl sie meist viel verdienen, keine großen Sparer.

BB-Paare werden in der Regel gut mit den zusätzlichen Belastungen fertig, die entstehen, wenn einer der Partner (oder sogar beide) neue berufliche Herausforderungen annimmt. Weil die Partnerschaft an sich schon mit einem Minimum an gemeinsam verbrachter Zeit funktioniert und auch der Haushalt relativ unaufwendig ist, kommt es selten zu Problemen, wenn die häusliche Situation weiter beeinträchtigt wird. Dennoch gibt es auch Fälle, in denen der Druck zu stark wird. Vor allem dann, wenn einer der beiden kein hundertprozentiger B-Typ ist, sondern auch etwas vom A-Typ hat: also den Wunsch, am Leben des anderen teilzuhaben. In einem solchen Fall müssen sich die Partner, wenn es zu Spannungen und Überbelastungen kommt, mit ihrer beruflichen Situation auseinandersetzen. Sie müssen Mittel und Wege finden, den Zeit- und Reiseaufwand eines Partners oder beider zu reduzieren, ähnlich wie es oben für AA-Beziehungen vorgeschlagen wurde.

Von AA zu BB?

AA-Paare, die starken Belastungen ausgesetzt sind, sollten sich überlegen, ob nicht eine BB-Konstellation eine Lösung sein könnte. Das gilt besonders, wenn einer der Partner oder beide auch Züge des B-Typs aufweisen und eine Veränderung in Richtung BD nicht möglich oder nicht gewünscht ist. In der Praxis heißt das, daß das Gleichgewicht zwischen den Partnern dadurch aufrechterhalten wird, daß gemeinsame Aktivitäten und die häuslichen Pflichten für beide reduziert werden. Entweder wird der Aufwand im Haushalt insgesamt reduziert (indem man zum Beispiel von einem größeren Haus auf dem Land in eine kleinere Stadtwohnung in der Nähe des Arbeitsplatzes umzieht; oder sich darauf einigt, daß die erwachsenen Kinder aus dem elterlichen Haushalt ausziehen), oder der Haushalt muß verstärkt von anderen Mitgliedern der Familie und/oder bezahlten Arbeitskräften erledigt werden. Der Übergang zu einer BB-Konstellation bedeutet für Sie und Ihren Partner, daß für diesen Abschnitt Ihres gemeinsamen Lebens der Beruf Priorität hat. Wenn Sie sich für diesen Schritt entscheiden, sollten Sie einen ungefähren Zeitrahmen festlegen und darüber sprechen, welches Beziehungsmuster nach dem Ende dieser Periode für Sie in Frage kommt. Außerdem sollten Sie einen Zeitpunkt festlegen (zum Beispiel ein Jahr ab heute), zu dem Sie dann überprüfen, ob das neue Muster auch funktioniert.

Die CC-Partnerschaft: zwei Einzelgänger

Dabei handelt es sich um eine Partnerschaft zwischen zwei Menschen, die beide relativ wenig Ehrgeiz besitzen, einen ähnlichen Hintergrund haben, etwa gleich alt und sich auch im Temperament ähnlich sind. Sie sind unabhängig und haben am liebsten ihren Frieden, um ihren eigenen Interessen nachgehen zu können. In solchen Partnerschaften gibt es relativ wenig gemeinsame Aktivitäten und wenig Gespräch. Oft haben die Partner unterschiedliche Freunde und machen auch getrennt Urlaub: und das nicht, weil es einen Konflikt gibt, sondern weil beide damit am zufriedensten sind. Wenn Sie in diese Kategorie fallen, werden neue berufliche Herausforderungen kurzfristig kaum zu Problemen im Privatleben führen. Die einzige Gefahr besteht darin, daß Sie sich mittel- oder langfristig so weit von Ihrem Partner entfernen, daß einer von Ihnen schließlich die Beziehung beendet.

Die AB-Kombination: ungleiche Bedürfnisse

Das ist eine sehr interessante Konstellation. Beiden Partner ist die berufliche Karriere sehr wichtig, einer der beiden hat aber das Bedürfnis nach Gemeinsamkeit und Unterstützung, während der andere lieber seinen eigenen Interessen nachgeht. In solchen Beziehungen kommt es oft zu Konflikten, weil sich der A-Partner mehr gemeinsame Aktivitäten wünscht – etwa, daß man Freunde zum Essen einlädt, mit Freunden ausgeht oder einfach nur zusammen etwas unternimmt. Der B-Partner hingegen versucht möglichst, sich davor zu drücken, um seine eigenen Dinge zu tun oder einfach nur in Ruhe lesen oder fernsehen zu können. Meistens ist es auch so, daß der A-Partner mehr im Haushalt erledigt als der B-Partner, weil es ihm weniger ausmacht und ihm das Zuhause wichtiger ist als dem anderen. Das führt dann leicht zu Konflikten, wenn der A-Partner das Gefühl bekommt, daß seine berufliche Karriere darunter leidet. Wenn Sie in einer AB-Konstellation der A-Typ sind, wird Ihr neuer Job diese Spannungen unter Umständen noch verschärfen. In einer solchen Situation ist es am besten, sich auszurechnen, wieviel Zeit Ihr neuer Job in Anspruch nehmen wird, und ausführlich mit Ihrem Partner darüber zu sprechen. Eventuell kommen Sie überein, daß er einen Teil Ihrer Aufgaben im Haushalt übernimmt. Wenn das nicht realistisch ist oder sich als unpraktikabel erweist, werden Sie sich vielleicht für eine Zeitlang auf eine BB-Partnerschaft einigen müssen. In dem Fall gilt für Sie dasselbe wie für AA-Paare, die sich für eine BB-Konstellation entscheiden (siehe „Von AA zu BB“ Seite 19).

Wenn Sie ein B-Typ sind und einen A-Partner haben, ist Ihr neuer Job vielleicht eine willkommene Ausrede dafür, noch weniger im Haushalt zu tun und noch weniger Zeit mit Ihrem Partner zu verbringen. So verlockend Ihnen das vielleicht auch erscheint, für Ihre Partnerschaft kann es eine große Gefahr sein. Wenn Ihnen die Partnerschaft wichtig ist, tun Sie folgendes:

- Reduzieren Sie möglichst den zusätzlichen Zeit- und Reiseaufwand (siehe auch „Die AA-Kombination“ Seite 15).
- Versuchen Sie, zu Hause mehr Zeit mit Ihrem Partner zu verbringen.
- Stellen Sie jemanden ein, der die unangenehmen Arbeiten im Haushalt übernimmt, damit Ihr A-Partner entlastet wird.

AC: ein engagierter Karrieretyp und ein Einzelgänger

Das ist, offen gestanden, ein merkwürdiges Duo. Solche Partnerschaften sind selten. Meist dauern sie auch nicht sehr lange. Wenn sie aber gegen alle Gesetzmäßigkeiten und allen gesunden Menschenverstand doch über längere Zeit bestehen, dann einfach deshalb, weil die Zuneigung der Partner stärker ist als alles andere. In einer solchen Beziehung ist der A-Partner in zeitlicher Hinsicht einem enormen Druck ausgesetzt: Er bringt das Geld nach Hause, kümmert sich um den Haushalt und ist auch noch für das soziale Leben des Paares zuständig. Dabei werden sein Ehrgeiz und sein Bedürfnis nach Gemeinsamkeit und Geselligkeit vom Partner, der ja viel weniger ehrgeizig und an gemeinsamen Aktivitäten kaum interessiert ist, aller Wahrscheinlichkeit nach nicht entsprechend gewürdigt.

Wenn Sie in einer AC-Konstellation der A-Partner sind, wird Ihr neuer Job den zeitlichen Druck, unter dem Sie stehen, noch verstärken. Sie sollten sich dann auf jeden Fall für den Haushalt Hilfe von außen besorgen, die anfallenden Arbeiten möglichst reduzieren und einen Teil davon an Ihren Partner „delegieren“. In dem Fall bewegen Sie sich dann eigentlich auf eine BC-Konstellation zu.

BC: ein Macher und ein Einzelgänger

In dieser Konstellation haben normalerweise beide Seiten ein großes Bedürfnis nach Unabhängigkeit. Nur einer der beiden ist jedoch in beruflicher Hinsicht ehrgeizig. Der andere, der C-Partner, arbeitet in den meisten Fällen nicht ganztags. Diese Kombination kann sehr sinnvoll sein, wenn auch, wie im Fall der CC-Partnerschaften, die Gefahr groß ist, daß die Partner sich mit der Zeit voneinander entfernen. Das gemeinsame Privatleben wird oft auf ein Minimum reduziert, und die beiden Partner gehen getrennt ihren Interessen nach.

Einer BC-Kombination kann eine zusätzliche Arbeitsbelastung eines Partners meist relativ wenig anhaben. In jedem Fall tun Sie jedoch gut daran, wenn Sie mehr Zeit mit Ihrem Partner verbringen, um nicht die Partnerschaft grundsätzlich zu gefährden.

Die AD-Kombination: ein Engagierter, ein Helfer

Auch diese Kombination funktioniert meist sehr gut, auch wenn sie gar nicht so häufig ist, wie man vielleicht annehmen könnte. Beide Partner wollen den anderen unterstützen und ihm helfen, doch ist es nur für einen der beiden wichtig, beruflich viel zu leisten und einflußreich zu sein. In vielen Fällen kümmert sich hauptsächlich der D-Partner um Heim und Familie und hat höchstens einen Teilzeitjob, wenn auch der A-Partner die Kinder mitbetreut, soweit seine Zeit es erlaubt.

Eine größere Arbeitsbelastung des A-Partners wird keine größeren Probleme verursachen. Beide Seiten sind ja im Grunde an einem befriedigenden und funktionierenden Privat- oder Familienleben interessiert und werden Maßnahmen zu diesem Zweck ergreifen.

Sollte der unwahrscheinliche Fall eintreten, daß der D-Partner derjenige ist, der durch einen neuen Job sehr gefordert ist, wird man sich meist kurz- oder mittelfristig auf eine AA-Partnerschaft einigen, bei der die Pflichten im Haushalt gleichmäßiger aufgeteilt werden. Der A-Partner wird in dem Fall Verständnis dafür aufbringen und sich verstärkt am Haushalt beteiligen müssen.

Die CD-Partnerschaft: ein Einzelgänger und ein Helfer

In einem CD-Haushalt ist normalerweise der fürsorgliche D-Partner derjenige, der den Haushalt führt, während der C-Partner (der Einzelgänger) seinen eigenen Interessen nachgeht. Wahrscheinlich werden nicht viele von Ihnen in diese Kategorie fallen, in der beiden Partnern ihr berufliches Fortkommen nicht sehr wichtig ist.

Nimmt der C-Partner einen neuen Job an, der ihn mehr beansprucht, sollte er sich in Richtung B-Typ bewegen, so daß es schließlich zu einer funktionsfähigen BD-Konstellation kommt, die wohl weiter keine Probleme macht. Verändert sich dadurch etwas in der Beziehung, dann wird das meist zum Positiven sein.

Bekommt aber der D-Partner (der Helfer) einen Job, der ihn stärker in Anspruch nimmt, wird das für ihn wahrscheinlich eine große Belastung darstellen. Der C-Partner (der Einzelgänger) wird das vielleicht gar nicht mitbekommen und irgendwann völlig davon überrascht werden. Der D-Partner wird sich entweder am Arbeitsplatz nicht genügend einsetzen können, oder das Familienleben wird leiden oder beides. Damit weder die berufliche Leistung noch das Privatleben leidet, muß sich das Beziehungsmuster ändern. Das ist allerdings nicht so einfach. Der D-Partner könnte sich zu einem A-Typ entwickeln, doch würde das nicht viel bringen, solange der C-Partner sich nicht verändert, da AC-Konstellationen an sich schwierig sind. Das beste, von der beruflichen Seite her gesehen, wäre wahrscheinlich der Wechsel zu einer BC-Konstellation. Sie ist grundsätzlich funktionsfähig, sofern man die Verpflichtungen im Haushalt reduzieren oder nach außen verlagern kann, ohne daß dadurch das Familienleben leidet, auf das der D-Partner (zu Recht) viel Wert legt. Eine weitere Möglichkeit wäre, daß sich der C-Partner in Zukunft wie ein D-Typ verhält, was eine funktionsfähige AD-Konstellation ergeben würde. Der Haken dabei ist, daß die meisten C-Partner nicht flexibel genug sind, um bereitwillig Haushaltspflichten des D-Partners zu übernehmen. Die Entscheidung muß deshalb von beiden Partnern wohl überlegt werden.

Die DD-Partnerschaft: zwei Helfer

Auch diese Konstellation ist als Beziehungsmuster durchaus funktionsfähig. Allerdings ist es unwahrscheinlich, daß einer der Partner einer solchen Konstellation einen sehr fordernden neuen Job übernimmt. Sollte sich ein D-Partner dennoch einmal darauf einlassen, dann wird er auf Dauer nur Erfolg haben, wenn er sich dem A-Typ annähert (engagiert: unterstützend, aber ehrgeizig). Das würde dann in einer AD-Beziehung resultieren, die auch funktionieren könnte. Die zuvor gleichmäßig verteilten Aufgaben im Haushalt werden verstärkt auf den D-Partner übergehen. Wenn beide Partner zu dieser Veränderung bereit sind, gibt es keine weiteren Schwierigkeiten.

Zu guter Letzt ...

Inzwischen sollten Sie wissen, welche Beziehungskonstellation gegenwärtig auf Sie zutrifft, ob Sie durch Ihren neuen Job mit Belastungen für die Partnerschaft zu rechnen haben und, wenn dem so ist, welche Lösungsmöglichkeiten sich Ihnen bieten. Die häusliche Front wäre somit gesichert. Als nächstes müssen Sie sich mit Ihrem neuen Arbeitsumfeld auseinandersetzen.

Zuvor habe ich aber noch einen kleinen Test für Sie. An diese Tests sollten Sie sich schon einmal gewöhnen. Am Ende jedes Kapitels kommt nämlich eine Checkliste, die Ihnen helfen soll einzuschätzen, wie gut Sie auf jeden Abschnitt der Reise vorbereitet sind. Machen Sie mit dem nächsten Kapitel erst weiter, wenn Sie den Test bestanden haben! Viel Glück.

ERSTE CHECKLISTE FÜR DIE STUNDE NULL

(Vor Antritt Ihres neuen Jobs auszufüllen)

Ankreuzen

1. Wissen Sie, welche der zehn Partnerschaftskonstellationen auf Sie zutrifft?

A Ja ☐

B Nein/Nicht sicher ☐

2. Haben Sie mit Ihrem Partner/Ihrer Partnerin über diese Konstellation gesprochen?

A Ja ☐

B Nein ☐

3. Haben Sie sich gründlich mit den Auswirkungen Ihres neuen Jobs auf Ihr Privat- bzw. Familienleben auseinandergesetzt?

A Ja ☐

B Nein/Noch nicht ☐

4. Haben Sie sich mit Ihrem Partner/Ihrer Partnerin über notwendige Veränderungen in der Konstellation Ihrer Beziehung und in Ihrem Familienleben geeinigt?

A Ja ☐

B Nein/Noch nicht ☐

5. Sind Sie sicher, daß Sie mit einer größeren Arbeitsbelastung fertig werden und auch mit den Veränderungen, die notwendig sind, damit Ihre Beziehung und Ihr Familienleben nicht darunter leiden?

A Ja ☐

B Nein ☐

C Nicht sicher, aber ich arbeite daran ☐

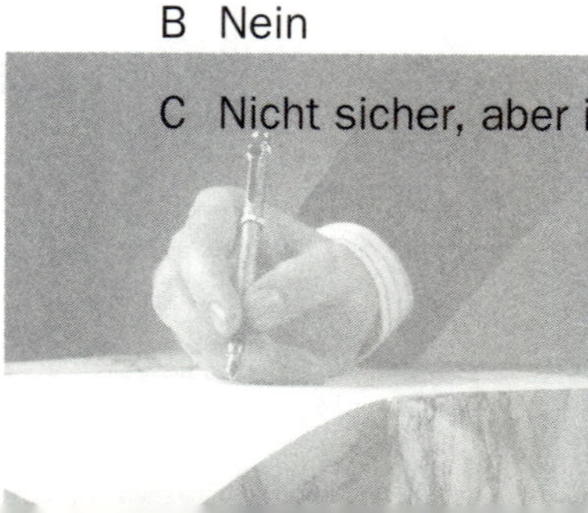

Berechnung Ihrer Punktzahl

Für jede A-Antwort bekommen Sie 20 Punkte, für jede B-Antwort 0 und für die C-Antwort 10 Punkte. Zählen Sie Ihre Punkte zusammen.

Auswertung

90–100 Gut gemacht! Machen Sie mit dem nächsten Kapitel weiter.

60–80 Bleiben Sie dran. Sie nehmen die Sache ernst, aber Sie müssen noch einige Lücken schließen, so daß Sie auf 90 oder 100 Punkte kommen, bevor Sie mit dem nächsten Kapitel fortfahren. Sie müssen das Gefühl haben, daß zu Hause alles geregelt ist, bevor Sie sich ganz auf Ihre neue berufliche Situation konzentrieren können, um die es in den restlichen Kapiteln dieses Buches geht.

0–50 Tut mir leid, aber Sie sollten dieses Kapitel unbedingt noch einmal lesen und entsprechende Schritte unternehmen, bevor Sie weitermachen. Überspringen Sie dieses Kapitel nur, wenn Sie keinen Partner haben oder Ihnen die Partnerschaft nicht wichtig ist.

KAPITEL 2

Zur Vorbereitung: Ihr neues Arbeitsumfeld

Als erstes: Nehmen Sie sich Zeit! Viele neue Chefs machen gleich am ersten Tag einen Plan, was sie alles tun wollen. Viel zu früh, denken Sie vielleicht. Aber nein, im Gegenteil, es ist eigentlich schon viel zu spät.

Wenn Sie Ihr neues Reich nicht zumindest mit einer groben Vorstellung davon betreten, was Sie erreichen wollen, wo Ihre Stärken liegen und mit welchen Hindernissen Sie rechnen müssen, wird Ihnen die läppische Realität einen Denkzettel verpassen, noch bevor Sie überhaupt angefangen haben. Dann ist es zu spät, um noch irgend etwas zu planen: Sie werden nicht mehr dazu kommen, es umzusetzen; Sie werden hilflos den Erfordernissen des Augenblicks ausgeliefert sein.

Um einen Plan zu machen, braucht man Zeit zum Nachdenken. Da Sie die kaum haben werden, solange Sie noch an Ihrem alten Arbeitsplatz arbeiten, empfiehlt es sich, vor Antritt Ihrer neuen Stelle einen – möglichst langen – Urlaub einzuplanen.

Wenn Sie keinen Urlaub nehmen können, reservieren Sie sich schon Wochen oder Monate im voraus am Abend oder an den Wochenenden Zeit, in der Sie ungestört und in Ruhe über alles nachdenken können. Gehen Sie im Wald spazieren, machen Sie eine Wanderung, besprechen Sie alles mit Ihrem Partner und/oder einem engen Freund, der nicht dem Unternehmen angehört, oder tun Sie sonst irgend etwas, wobei Sie sich entspannen und nachdenken können. Machen Sie sich Notizen, wenn Ihnen das hilft, oder gehen Sie alles nur im Kopf durch: machen Sie es so, wie Sie es am besten können.

SONDIEREN SIE DAS TERRAIN

Bevor Sie sich auf den Weg machen, besorgen Sie sich so viele Informationen wie möglich über Ihr neues Terrain und Ihre neuen Mitarbeiter, ohne daß es unangenehm auffällt. Wenn Sie in ein neues Unternehmen oder eine neue Abteilung kommen, sprechen Sie mit allen Ihren Freunden und Bekannten, die dem Unternehmen oder der Abteilung angehören oder darüber etwas wissen. Wenn es sich um ein neues Unternehmen handelt, besorgen Sie sich den Jahresbericht. Sehen Sie sich alle Werbungen und Presseberichte an, die Sie bekommen können. Wenn Sie mit jemandem darüber sprechen, stellen Sie nicht nur die naheliegendsten Fragen. Versuchen Sie herauszufinden, welche Menschen in dem Unternehmen arbeiten und wie die Unternehmenskultur im allgemeinen aussieht.

Wenn die Branche für Sie neu ist, informieren Sie sich über die wichtigsten Daten und Fakten, und machen Sie sich mit dem Fachjargon vertraut, bevor Sie anfangen. Kaufen Sie sich die notwendigen Bücher oder leihen Sie sie sich aus. Bitten Sie das Unternehmen, Ihnen Unterlagen und Informationsmaterialien zur Verfügung zu stellen, die es für wichtig hält.

Auch wenn Sie schon in dem Unternehmen oder der Abteilung arbeiten, ist Ihr Terrain als Chef ein anderes, und Sie müssen sich gründlich damit auseinandersetzen. Am besten beginnen Sie damit, daß Sie sich überlegen, inwieweit Sie Dinge verändern müssen oder wollen. Befassen Sie sich deshalb mit den Zielen, den Methoden und dem Stil Ihres Vorgängers, der Leistung und dem Erfolg seines Teams, dem Ruf der Abteilung innerhalb des Unternehmens bzw. draußen: bei Kunden, Lieferanten, bei der Konkurrenz und der Bevölkerung.

IST DIE KONKURRENZ BESSER ODER SCHLECHTER – UND WARUM?

Wie erfolgreich ist die Abteilung oder das Unternehmen? Ist der Ausstoß in letzter Zeit gestiegen oder gesunken, und zwar sowohl dem Umfang als auch dem Wert nach? Sind Konkurrenzunternehmen schneller gewachsen: wenn ja, welche und warum? Bietet der erfolgreichere Mitbewerber ein Produkt zu einem niedrigeren Preis an (und stellt es daher wahrscheinlich auch billiger her)? Bietet er einen besseren Kundendienst oder eine bessere Qualität an, für die er auch mehr verlangen kann? Oder hat die Konkurrenz einen ganz speziellen Abnehmerkreis angezapft, dem sie genau das bieten kann, was dieser braucht, und wofür sie entsprechend belohnt wird?

Auch wenn Sie diese Fragen vorerst nicht völlig beantworten können, sollten Sie zumindest beginnen, darüber nachzudenken und sich einige Vorstellungen und Thesen zurechtzulegen.

Alle diese Fragen in bezug auf den Wettbewerbsvorteil – das heißt, weshalb ein Unternehmen überlebt und floriert – gelten nicht nur für Unternehmen und Konzerne, sondern auch für Abteilungen und Kostenstellen innerhalb eines Unternehmens, Wohltätigkeitsorganisationen, soziale Einrichtungen u.ä. Warum gibt es die Abteilung? Was immer sie tut, es gibt immer auch reale oder theoretische Alternativen, andere Möglichkeiten, wie die Leistung bzw. der Erfolg erzielt werden kann. Warum sollte gerade Ihre Abteilung eine bestimmte Leistung erbringen?

Auf diese Fragen sind verschiedene Antworten denkbar:

- Kosten/Preis, das heißt, die Abteilung kann etwas billiger oder rationeller herstellen oder zur Verfügung stellen als andere;
- Qualität, das heißt, die Abteilung liefert ein besseres Produkt oder eine bessere Dienstleistung als andere;
- Kundendienst, das heißt, die Abteilung geht mehr und persönlicher als andere auf die Menschen ein, die ihre Leistung in Anspruch nehmen, und ist im Kundenservice schneller und verläßlicher;
- natürlich geschützte Position, das heißt, ein Produkt oder eine Dienstleistung kann von anderen nicht hergestellt bzw. erbracht werden, weil sie nicht über das entsprechende Know-how, die finanziellen Mittel, den Standort, die Technologie oder über andere für die Produktion relevante Faktoren verfügen;
- künstlich geschützte Position oder historischer Zufall, das heißt, andere könnten das Produkt oder die Dienstleistung zwar theoretisch herstellen bzw. erbringen. Sie werden aber von einem bestehenden Kartell, Regierungsbestimmungen, berufsständischen Beschränkungen, den Umständen oder der Tradition daran gehindert – oder sie tun es einfach aus Nichtwissen oder Trägheit nicht.

Schätzen Sie ab, wie groß der Wettbewerbsvorteil Ihrer Abteilung ist und woraus er sich zusammensetzt. Überlegen Sie, wie dauerhaft er ist und welche Veränderungen in der Umwelt oder welche Aktionen anderer ihn über den Haufen werfen könnten. Wie könnte man vor allem Wettbewerbsvorteile der letzten Kategorie in natürliche Wettbewerbsvorteile (solche der anderen Kategorien) verwandeln? Ein natürlicher Wettbewerbsvorteil, der auf wirtschaftlichen Kriterien und Kundennachfrage basiert, ist eine bessere Existenzgrundlage als eine künstliche Beschränkung. Das entdecken allenthalben Beamtenapparate, staatliche Unternehmen und Gewerkschaften.

BILDEN IHRE LEUTE EIN TEAM?

Finden Sie möglichst viel über Ihre zukünftigen Mitarbeiter heraus. Wenn es sehr viele sind, konzentrieren Sie sich auf die, die am längsten dabei sind. Befassen Sie sich aber auch mit ein paar der jüngeren, die ehrgeizig zu sein scheinen. Wenn es nur wenige sind, informieren Sie sich über alle.

Ist es ein schlagkräftiges Team? Wenn nicht, warum nicht? Wie sieht der Führungsstil des gegenwärtigen Chefs aus, den Sie ablösen: Ist er locker, autoritär, charismatisch oder unberechenbar? Ist er effizient oder ineffizient? Ist er beliebt, geduldet oder sehr unbeliebt?

Beachten Sie, daß das nicht dasselbe ist, wie aus dem folgenden Diagramm hervorgeht: ein beliebter Chef kann ineffizient sein, ein unbeliebter effizient, oder es kann auch jeweils umgekehrt sein.

Die Quadranten der Führungspersönlichkeit

	beliebt	unbeliebt
effizient	1	2
ineffizient	3	4

DENKEN SIE ÜBER SICH UND IHREN FÜHRUNGSSTIL NACH

In Kapitel 5 werden wir uns Ihren Führungsstil und Ihre Persönlichkeitsmerkmale noch näher ansehen. Es gibt alle möglichen Führungsstile. Sie sollten den Stil wählen, mit dem Sie sich körperlich und psychisch am wohlsten fühlen. Weiterhin sollten Sie überlegen, wie Sie und Ihr Team wohl interagieren werden.

Hier wird es möglicherweise kritisch. Die meisten Führungskräfte bauen sich im Laufe der Zeit ein Team danach auf, wie es ihnen am besten entspricht. Moshe Dayan soll gesagt haben, daß der beste General der ist, der nur mit einfachen Soldaten erfolgreich ist. Es ist interessant, daß der Erfolg im Leben, ob man ihn nun am Reichtum, am Glück oder woran auch immer mißt, nur wenig mit Intelligenz zu tun hat. Ein Team mit ganz normalen Mitarbeitern wird, wenn es entschlossen und effektiv agiert, oft mehr leisten als eine Ansammlung viel intelligenterer, aber träger Mitarbeiter. Die meisten Manager schaffen sich bewußt oder unbewußt ein Team, das ihre Effektivität noch steigert oder ihre Schwächen ausgleicht, so daß sie selbst und auch das Team erfolgreicher sind als es in einer anderen Konstellation der Fall wäre.

Als neuer Chef haben Sie jedoch diese Möglichkeit normalerweise nicht. Sie übernehmen ein Team, das auf die Persönlichkeit und die Stärken Ihres Vorgängers, der vielleicht ganz anders ist als Sie, zugeschnitten ist. Es wird aller Wahrscheinlichkeit nach nicht so sein wie das Team, aus dem Sie am meisten herausholen könnten und mit dessen Hilfe Sie selbst am meisten leisten könnten. So kann es zu der paradoxen Situation kommen, daß Sie vielleicht bessere Führungsqualitäten haben als Ihr Vorgänger, Sie mit Ihrem Team zunächst aber trotzdem weniger Leistung erbringen als er. Dieser Nachteil läßt sich nach und nach natürlich ins Gegenteil verkehren: allerdings nur, wenn Ihnen die Problematik bewußt ist, und selbst dann wird es einige Zeit dauern.

Wenn Sie klug sind, werden Sie als frischgebackener Chef deshalb einen Führungsstil wählen, der ein Mittelding ist zwischen dem Stil, der Ihnen persönlich am meisten liegt, und dem Stil Ihres Vorgängers (unter der Voraussetzung, daß dieser einigermaßen effizient war). Ganz allmählich und Schritt für Schritt können Sie dann zu Ihrem persönlichen Führungsstil übergehen, indem Sie Ihr Verhalten und die Zusammensetzung Ihres Teams verändern.

Mit der Zeit werden Sie Ihr Arbeitsfeld und die Rolle Ihrer Abteilung so verändern können, daß Sie Ihre persönlichen Stärken und die Stärken, die Ihr Team unter Ihrer Führung entwickelt hat, ausspielen können. Dadurch werden sich allerdings die Wettbewerbsvorteile Ihres Teams verlagern, deshalb sollten Sie jene Aktivitätsbereiche anpeilen, in denen Ihr Team am stärksten ist.

Machen Sie sich aber keine Illusionen. Vorerst sind Ihnen durch die Arbeitsweise Ihres Teams und den Führungsstil Ihres Vorgängers Grenzen gesetzt.

WIEVIEL VERÄNDERUNG IST NOTWENDIG?

Wollen Sie die Dinge so lassen, wie sie sind? Wohl kaum! Wenn nicht, was wollen Sie in erster Linie verändern? Wie wahrscheinlich ist es, daß Sie die geplanten Veränderungen erfolgreich umsetzen können, und wie lange werden Sie für jede Veränderung brauchen?

Schätzen Sie ab, wie dringend bestimmte Veränderungen sind und wie rasch Sie sie umsetzen können. Berücksichtigen Sie dabei die drei oben angesprochenen Fragenkomplexe: die Wettbewerbsfähigkeit Ihrer Abteilung, die Beschaffenheit des Teams und Ihren Führungsstil im Vergleich zu dem Ihres Vorgängers.

Wenn alles relativ glatt zu laufen scheint, wenn es einen echten Wettbewerbsvorteil gibt, wenn die Mitarbeiter wirklich als Team zusammenarbeiten und Ihr Vorgänger außerdem effizient und beliebt war, wird es ratsam sein, am Anfang sehr wenig zu verändern. Das gilt auch, wenn Sie aufgrund Ihres Führungsstils und Ihrer Fähigkeiten vielleicht einen großen Sprung nach vorne machen könnten. Dafür haben Sie noch Zeit genug. Am Anfang müssen Sie vor allem den Eindruck vermeiden, Sie seien nicht so effizient wie Ihr Vorgänger (was Sie aus den oben genannten Gründen aber wahrscheinlich sein werden). „Warum reparieren, wenn es nicht kaputt ist?" Sorgen Sie für Kontinuität, und nehmen Sie Veränderungen nur nach und nach und mit Fingerspitzengefühl vor.

Der Fall liegt etwas anders, wenn der Wettbewerbsvorteil gering oder im Schwinden begriffen ist, unmittelbar aber keine Krise droht und das Team und das bisherige Management einigermaßen effektiv gewesen sind (auch wenn wirksame Strategien gefehlt haben). Dann werden Sie früher oder später etwas verändern müssen. Aber auch hier sollten Sie vorsichtig vorgehen und Struktur und Arbeitsweise des Teams nicht zu radikal oder zu abrupt umkrempeln. Außerdem müssen Sie sich vergewissern, ob Ihre Diagnose stimmt, bevor Sie irgendwelche Schritte unternehmen. Danach sollten Sie das Team bzw. einige Schlüsselfiguren von der Notwendigkeit von Veränderungen überzeugen.

Wenn die Abteilung allerdings mit ernsten Wettbewerbsnachteilen zu kämpfen hat und eine Krise vor der Tür steht, werden Sie schnell tiefgreifende Veränderungen vornehmen müssen. Unabhängig von der Wettbewerbsposition werden Sie diese problemlos und mit soviel Aufsehen, wie Sie wollen, durchziehen können, wenn Ihr Vorgänger unbeliebt und ineffizient war.

Wenn Sie sich für tiefgreifende und sofortige Veränderungen entscheiden, sollten Sie Ihrem Team unbedingt Ihr „Anliegen" bzw. Ihr Ziel in Umrissen darlegen. Dieses Ziel kann in einer Qualitätssteigerung bestehen oder in einem besseren Kundendienst, in niedrigeren Kosten, einer Reduzierung des Verwaltungsaufwands, einer Produktivitätssteigerung, einem höheren Umsatzvolumen oder was Sie sonst für wichtig erachten. Ihr Ziel sollte nicht allzu präzise gefaßt sein, da Sie am Anfang noch nicht über alles Bescheid wissen werden. Viele Ihrer Mitarbeiter würden es Ihnen übelnehmen, wenn Sie so tun „als ob" und ihnen vorschreiben, wie sie Dinge besser machen können. Wenn möglich, sollte Ihr Anliegen vom Team geteilt werden und etwas betreffen, was Ihr Vorgänger nicht erkannt oder nicht ernst genommen hat. Das empfiehlt sich auch, wenn die Anliegen des Teams nur wenig mit der Wettbewerbsschwäche zu tun haben: Die Bedenken der Mitarbeiter mit einzubeziehen und mit den realen Schwachstellen zu koppeln, ist in jedem Fall ein geschickter Schachzug.

Bevor Sie Ihren Job antreten, sollten Sie zumindest ungefähr wissen, welches Ziel Sie verfolgen wollen. Präzisieren können Sie es dann später.

SUCHEN SIE VERBÜNDETE

Sie werden in der ersten Zeit sehr viel Hilfe brauchen. Überlegen Sie sich, bevor Sie anfangen, woher diese Hilfe kommen kann. Sie müssen echte Verbündete von scheinbaren, die jede Hilfe anbieten, nur keine nützliche, unterscheiden können. Ihre Verbündeten kann man in fünf große Gruppen einteilen:

1. Vorgesetzte

Ihr Vorgesetzter war, möglicherweise zusammen mit seinen eigenen Vorgesetzten, dafür verantwortlich, daß Sie den Job bekommen haben. Wie sehr diese Personen Ihnen helfen werden, hängt davon ab, welches Verhältnis Sie zueinander haben, inwieweit sie die Notwendigkeit von Veränderungen einsehen und für Ihre Anliegen und Ziele Verständnis haben, sowie von ihrem Persönlichkeitsprofil und ihrer Risikobereitschaft. Überlegen Sie sich, welchen Erfolg es haben mag, sich um ihre Unterstützung zu bemühen, wann dafür der geeignetste Zeitpunkt ist und wieviel sie Ihnen tatsächlich helfen können.

2. Mitarbeiter

Vielleicht kennen Sie ein paar Mitarbeiter bereits und können von ihrer Seite mit Unterstützung und Verständnis rechnen. Einige Mitarbeiter werden Veränderungen vielleicht sogar begrüßen. Finden Sie so schnell wie möglich heraus, wer diese Mitarbeiter sind und was sie für Sie tun können.

3. Neueinsteiger

Mit Neueinsteigern sind die Leute gemeint, die Sie mitbringen oder neu einstellen. Manchmal kann man es durchsetzen, einen oder mehrere Mitarbeiter mitzubringen, die man kennt, denen man vertraut und mit denen man gut zusammenarbeitet. Das kann nicht hoch genug bewertet werden. Wenn größere Veränderungen notwendig sind und Sie keine eigenen Leute mitbringen können, setzen Sie alles in Bewegung, um so schnell wie möglich doch noch „eigene Leute“ ins Team holen zu können.

4. Andere Abteilungen

Mitarbeiter in anderen Abteilungen (in der Regel die Abteilungsleiter) werden sehr daran interessiert sein, daß Ihr Team seine Leistung verbessert. Versuchen Sie sie kennenzulernen, bevor Sie anfangen, und finden Sie heraus, was sie denken.

5. Kunden

Wenn Veränderungen notwendig sind, werden Ihre Kunden das wahrscheinlich schon gemerkt und auch (auf die eine oder andere Art) eingefordert haben. Suchen Sie so bald Sie können große und unzufriedene Kunden auf. Notieren Sie sich möglichst wörtlich ihre Wünsche und Beschwerden, damit Sie diese dann an Ihre Abteilung (und vielleicht an Ihre Vorgesetzten) weiterleiten können.

PLANEN SIE IHRE ERSTEN HANDLUNGEN

Ihre ersten „spontanen“ Handlungen sollten sehr sorgfältig geplant sein. Da bekanntermaßen Taten stärker wahrgenommen werden als Worte, überlegen Sie sich genau, welche symbolischen ersten Handlungen Sie vollbringen. Das kann zum Beispiel sein, wann Sie morgens ins Büro kommen oder wann Sie abends nach Hause gehen, welche Fragen Sie stellen, mit welchen Leuten Sie sprechen, wie Sie die Zeit verbringen (ob Sie zum Beispiel Kunden besuchen, in der Abteilung herumgehen oder in Ihrem Zimmer hinter geschlossenen Türen sitzen), was Sie an anderen loben oder wofür Sie Geld ausgeben bzw. wo Sie Geld sparen.

Als Alan Jackson bei BTR Sir Owen Green nachfolgte, zeigte er als erstes, daß er den Sparkurs des Unternehmens beibehalten wollte, indem er sich einen Firmenwagen nahm, der schon 150.000 Kilometer gelaufen war. Von den Mitarbeitern wurde das positiv registriert.

Wenn Sie einen Hang zu großen Gesten haben, achten Sie darauf, daß die Symbolik Ihrer Geste stimmt und sie Ihr Anliegen unmißverständlich ausdrückt.

VERHALTEN SIE SICH WIE DER NEUE CHEF

Versuchen Sie schon so früh wie möglich, am besten noch vor Ihrem ersten Arbeitstag in der neuen Funktion, sich wie der neue Chef zu verhalten. Besonders, wenn Sie innerhalb derselben Firma aufsteigen, wird das sehr wirkungsvoll sein. Versuchen Sie in jedem Fall, schon früh in Ihre neue Funktion hineinzuwachsen, damit es dann ganz natürlich wirkt, wenn Sie sie übernehmen.

Wenn Sie schon Wochen oder, noch besser, Monate vor fast allen anderen im Unternehmen von Ihrer Beförderung wissen, können Sie mit einem geschickten Schachzug einsteigen. Wenn nämlich die obersten Vorgesetzten klug sind, informieren sie den für eine leitende Funktion designierten Mitarbeiter geraume Zeit im voraus. Dieser kann dann schon das Profil und die Fähigkeiten entwickeln, die von jemandem in dieser Funktion erwartet werden, bevor die anderen Mitarbeiter von seiner Beförderung wissen. Wenn es dann soweit ist, wird die Entscheidung als logisch und gerecht empfunden.

Wenn Sie von einer fachspezifischen Funktion (etwa im Verkauf oder in der Herstellung) auf einen allgemeinen Managementposten wechseln, schlüpfen Sie frühzeitig in die Rolle des Generalisten, und geben Sie den engen, nur auf Ihre Abteilung gerichteten Blickwinkel auf, der für Ihre noch laufenden Aufgaben eigentlich angebracht wäre. Wenn Sie von einem technischen Posten in der Forschungsabteilung auf einen Marketingposten wechseln oder umgekehrt, verschaffen Sie sich das notwendige Know-how in dem jeweiligen Bereich, bevor Ihre Versetzung bekanntgegeben wird. So vermeiden Sie bei Ihren neuen Kollegen den Eindruck, Sie hätten von der Materie keine Ahnung.

MACHEN SIE IHREN 100-TAGE-PLAN

Nachdem Sie das ganze Buch gelesen haben, machen Sie sich einen Plan, was Sie in Ihren ersten 100 Tagen erreichen wollen. Überlegen Sie sich dann objektive Testkriterien, anhand derer Sie kontrollieren können, ob und wann Sie bestimmte Hürden genommen haben. Diese Zielvorgaben sollten möglichst einfach gehalten sein, so daß Sie sie immer im Kopf haben und nicht extra nachsehen müssen. Können Sie sie nicht auswendig behalten, tragen Sie sie in Ihren Terminkalender ein, den Sie immer bei sich haben und in dem Sie jederzeit nachsehen können.

Wie gut waren Sie?

Wenn Sie vorgehen wie beschrieben, bevor Sie Ihren neuen Job antreten, haben Sie gute Chancen auf Erfolg. Was Sie hier allerdings versäumen, wird sich nur schwer wieder aufholen lassen. Mit der folgenden Checkliste ermitteln Sie, wie gut Sie vorbereitet sind.

ZWEITE CHECKLISTE FÜR DIE STUNDE NULL

(Unmittelbar vor Antritt Ihres Jobs auszufüllen)

1. Wieviel Zeit haben Sie investiert, um über Ihren neuen Job nachzudenken? Ankreuzen

A Ich habe mir mindestens zehn Tage Urlaub genommen und abends und an den Wochenenden viel darüber nachgedacht. ☐

B Ich habe mir zwischen vier und neun Tagen Urlaub genommen und abends und an den Wochenenden viel darüber nachgedacht. ☐

C Ich habe abends und an den Wochenenden viel darüber nachgedacht. ☐

D Wenn ich ehrlich bin, habe ich nicht viel Zeit gehabt, darüber nachzudenken. ☐

2. Sind Sie bereit anzufangen, und haben Sie das Gefühl, im großen und ganzen zu wissen, was für Fallen Sie erwarten?

A Ja, wahrscheinlich ☐

B Bis zu einem gewissen Grad ☐

C Eigentlich nicht ☐

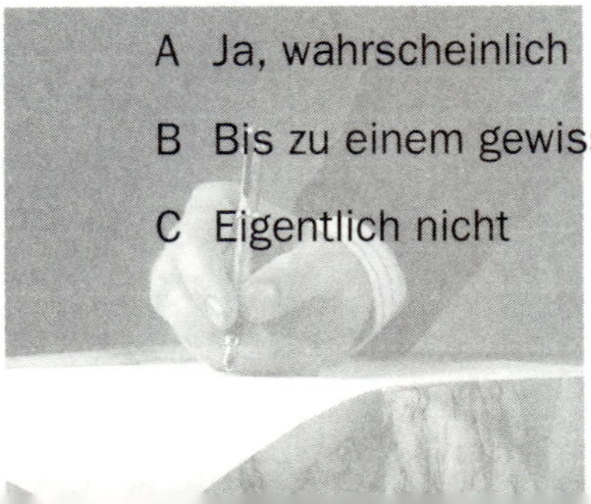

3. Glauben Sie, daß Sie zumindest einen groben Überblick über die Aktivitäten, Märkte und Technologien des Unternehmens haben? Ankreuzen

A Ja ☐

B Nicht sicher ☐

C Nein ☐

4. Glauben Sie, daß Sie in etwa die Unternehmenskultur und die Werte des Unternehmens/der Abteilung kennen und wissen, wie es/sie funktioniert?

A Ja ☐

B Nicht sicher ☐

C Nein ☐

5. Was macht in erster Linie den Wettbewerbsvorteil Ihres Unternehmens oder Ihrer Abteilung aus?

A Kosten/Preis ☐

B Qualität ☐

C Kundendienst ☐

D Natürlich geschützte Position ☐

E Künstlich geschützte Position/historischer Zufall ☐

F Etwas anderes: ... ☐

G Ich weiß es nicht ☐

6. Können Sie den Führungsstil Ihres Vorgängers in einem Satz zusammenfassen?

A Ja (dann tun Sie das jetzt!) ☐

B Nein ☐

7. Können Sie in einem Satz die Unterschiede zwischen dem Führungsstil Ihres Vorgängers und Ihrem persönlichen Führungsstil zusammenfassen? Ankreuzen

A Ja (dann tun Sie das auch!) ☐

B Nein ☐

8. Haben Sie vor, Ihren persönlichen Führungsstil anfangs zu verändern, um ihn mehr dem Ihres Vorgängers anzunähern?

A Nein, das wäre falsch. ☐

B Ja, voll und ganz ☐

C Ja, bis zu einem gewissen Grad ☐

D Nein, das ist nicht notwendig, da wir beide einen ähnlichen Führungsstil haben. ☐

9. Wieviel muß Ihrer Meinung nach an der Führung der Abteilung/des Unternehmens verändert werden?

A Sehr wenig ☐

B Einiges ☐

C Sehr viel ☐

D Ich weiß es nicht; das werde ich erst wissen, wenn ich einmal ein paar Monate dabei bin. ☐

10. Wissen Sie, wer Ihre wichtigsten Verbündeten sein werden?

A Nein, dazu ist es zu früh. ☐

B Ja, im großen und ganzen ☐

C Ja, ein paar kenne ich. ☐

D Ich brauche eigentlich keine Verbündeten, solange ich das mache, was ich für richtig halte und wovon ich meine, daß die Abteilung/das Unternehmen davon profitiert. ☐

11. Wissen Sie schon, welche Handlungen Ihre ersten sein werden?

Ankreuzen

A Das hängt davon ab, was ich vorfinde, wenn ich hinkomme. ☐

B Ja, ich werde deutlich machen, daß alles wie gewohnt weiterläuft. ☐

C Ja, ich werde ein paar symbolische Gesten setzen, um klarzumachen, was mir wichtig ist und worauf ich hinsteuern will. ☐

D Nein ☐

12. Haben Sie schon begonnen, sich so zu verhalten, wie Sie es dann als neuer Chef tun werden?

A Nein, das wäre unpassend, solange ich nicht fest im Sattel sitze und die Macht sowie auch das Recht dazu habe. ☐

B Nein, das wäre dumm, da ich in ein anderes Unternehmen wechseln werde. ☐

C Ja, bis zu einem gewissen Grad ☐

13. Haben Sie schon Ihren 100-Tage-Plan entworfen?

A Das mache ich erst, wenn ich dort bin, dann aber gleich in der ersten Woche. ☐

B Ja, auch wenn ich ihn später noch modifizieren muß. ☐

C Ja, und ich werde mich daran halten, komme, was wolle. ☐

D So einen Plan brauche ich nicht; ich bin ein Pragmatiker und nehme die Dinge, wie sie kommen. ☐

Berechnung Ihrer Punktzahl

Frage 1
A: 20 Punkte
B: 15
C: 10
D: 0

Frage 2–4
A: jeweils 10 Punkte
B: jeweils 5 Punkte
C: jeweils 0

Frage 5
A bis F: 10 Punkte
G: 0

Frage 6 und 7
A: jeweils 10
B: jeweils 0

Frage 8
A: 0
B: 0
C: 10
D: 10

Frage 9
A, B oder C: 10
D: 0

Frage 10
A: 0
B oder C: 10
D: 0

Frage 11
A oder B: 0
C: 10
D: 0

Frage 12
A: 0
B: 5
C: 10

Frage 13
A: 0
B: 10
C oder D: 0

Auswertung

115–140 Sie sind gut vorbereitet und können sich auf Ihre erste Woche freuen.

X **70–110** Sie haben über einige Dinge nachgedacht, aber es gibt immer noch viele Lücken und Unsicherheiten. Sie haben wahrscheinlich eine schwierige erste Woche vor sich. Wenn möglich, verschieben Sie Ihren Einstieg um eine Woche und setzen Sie sich noch mehr damit auseinander.

0–65 Sie sind entweder sehr ehrlich, oder Sie haben dieses Buch noch nicht gelesen! Lesen Sie es getrost auch noch ein zweites Mal. Verschieben Sie in Ihrem eigenen Interesse Ihren Start, da Sie ansonsten hilflos den Erfordernissen des Augenblicks ausgeliefert sind und als neuer Chef wahrscheinlich versagen werden.

KAPITEL 3

Die ersten zehn Tage

Stellen Sie sich darauf ein, daß die ersten zehn Tage sehr spannend werden, Ihnen aber manchmal auch angst und bange sein wird. Lassen Sie sich nicht aus der Ruhe bringen, wenn etwas Unvorhergesehenes eintritt. Bleiben Sie Ihrem persönlichen Stil treu, und strahlen Sie Ruhe und Zuversicht aus. Nutzen Sie die Zeit, um sich in aller Stille zu informieren und zurechtzufinden.

Sie müssen sich in den ersten zehn Tagen mit drei Bereichen auseinandersetzen:

- mit den Leuten, deren Vorgesetzter Sie sind;
- mit der „Botschaft“ Ihres Unternehmens oder Ihrer Abteilung;
- mit der Wettbewerbsposition Ihres Unternehmens oder Ihrer Abteilung.

IHRE LEUTE

Sie sollten Ihre ersten zehn Tage zumindest zur Hälfte damit zubringen, mit den Leuten zu reden, für die Sie verantwortlich sind: und zwar mit allen Mitarbeitern, die Ihnen direkt unterstellt sind, also Ihrem eigentlichen Team, und auch mit ein paar Mitarbeitern, die in der Unternehmenshierarchie weiter unten stehen, Ihnen aber zuarbeiten.

Sprechen Sie mit Ihren Teammitgliedern einzeln. Versuchen Sie, relevante Informationen über die Arbeitsweise der Abteilung, ihre Märkte, Technologien und Kontakte zu erhalten, aber in diesen Gesprächen auch etwas über Ihr jeweiliges Gegenüber in Erfahrung zu bringen, über seine Einstellungen und persönlichen Ziele. Bewerten Sie jeden Mitarbeiter, mit dem Sie sprechen, nach zweierlei Gesichtspunkten: erstens nach seiner Kompetenz und zweitens nach seiner Einstellung Ihnen und dem Team gegenüber. Ordnen Sie auf Basis dieser zwei Kriterien jeden Mitarbeiter in Gedanken oder auch auf einem Stück Papier in das folgende Schema ein:

Einstellungs- und Kompetenzschema

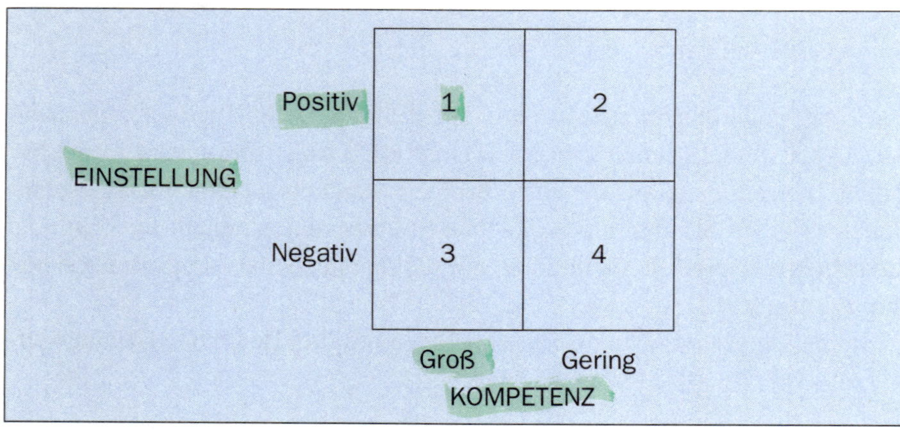

Am besten ist es natürlich, wenn jemand in die erste Kategorie fällt: dann ist er kompetent und wird Sie und das Team unterstützen. Das heißt, der Betreffende steht der Abteilung und Ihrer Führungsfunktion positiv gegenüber.

Viele Ihrer Leute werden aber einer der drei anderen Gruppen angehören. Bei Mitarbeitern, die in die zweite Gruppe fallen, werden Sie vor allem dafür sorgen müssen, daß sie kompetenter werden. Das können Sie entweder durch Beratung oder durch Aus- und Weiterbildungsmaßnahmen erreichen oder indem Sie ihnen Aufgaben übertragen, die eher ihren Neigungen entsprechen. Das ist jedoch ein mittelfristiges Ziel, das Sie nicht sofort in Angriff nehmen müssen.

Nicht warten sollten Sie hingegen bei Mitarbeitern, die in die dritte Kategorie fallen, d. h. die kompetent sind, aber eine negative Einstellung haben. Solche Menschen können Ihnen beträchtlichen Schaden zufügen, bevor Sie überhaupt etwas merken. Sie müssen entweder sehr schnell deren Einstellung ändern oder, wenn das nicht geht, sie in eine andere Abteilung oder in ein anderes Konzernunternehmen versetzen, wo sie jemand anderem unterstellt sind. Die erste Lösung ist natürlich die bessere, da Sie dann nicht auf die Fähigkeiten des Betreffenden verzichten müssen. Aber Sie müssen pragmatisch sein und dürfen nicht zögern, wenn die zweite Variante leichter durchführbar ist (was sehr oft der Fall sein wird).

Vielen Chefs bleibt der Erfolg versagt, weil sie Typ-3-Mitarbeiter nicht erkennen bzw. im Fall der Fälle nicht wissen, wie sie mit ihnen verfahren sollen. Das ist ein sehr ernstzunehmendes Problem. Sie müssen solche Mitarbeiter innerhalb der ersten zehn Tage ausmachen und entscheiden, ob sie umgestimmt werden können oder aus dem Team entfernt werden müssen. Ihre Entscheidung müssen Sie dann unbedingt im Verlauf des ersten Monats umsetzen. Die meisten Menschen wollen nicht glauben, daß sie Todfeinde haben, und scheuen vor Konfrontationen zurück. Wir verschließen gern die Augen, wenn jemand unsere Bemühungen sabotiert oder passiven Widerstand leistet, vor allem, wenn es sich um sehr fähige Leute handelt. Als frischgebackener Chef können Sie aber kaum einen schwereren Fehler begehen. Auch wenn Sie die beiden ersten Wochen nur damit beschäftigt sind: Sie müssen unbedingt alle Mitarbeiter ausfindig machen, die in diese Kategorie fallen, und entscheiden, wie Sie mit ihnen verfahren.

Typ-4-Mitarbeiter sind nicht so problematisch. Ihre Unterstützung wird Ihnen zwar nicht so viel helfen wie die von Mitarbeitern der dritten Kategorie (nachdem Sie diese für sich gewonnen haben), dafür sind sie aber auch nicht so gefährlich. Trotzdem können Sie es sich nicht leisten, über längere Zeit hinweg Mitarbeiter dieser Gruppe im Team zu haben. Konfrontieren Sie sie mit Ihrer Sicht der Dinge. Machen Sie ihnen einen Vorschlag, wie sie ihre Kompetenz verbessern können, knüpfen Sie Ihr Angebot aber daran, daß sich ihre Einstellung ändert. Wenn es nicht so aussieht, als würde das funktionieren, überlegen Sie, wie Sie solche Mitarbeiter so bald wie möglich entfernen können.

Erfolgreiche neue Chefs haben nach den ersten 100 Tagen nur noch Teammitglieder, die in die erste Kategorie fallen. Werden auch Sie ein erfolgreicher neuer Chef sein?

WICHTIGE FRAGEN AN IHRE MITARBEITER

Am besten kommen Sie zu einer Einschätzung Ihrer Mitarbeiter, wenn Sie sich persönlich mit ihnen unterhalten. Erkundigen Sie sich, was sie so tun, und versuchen Sie dabei, möglichst viel über Ihre neue Domäne zu erfahren. Sie wissen wahrscheinlich ohnehin, welche Fragen Sie in solchen Gesprächen stellen müssen. Trotzdem sind hier die wichtigsten aufgelistet:

- Was tun Sie und warum tun Sie das?
- Von wem und wovon hängt ab, ob Sie eine gute Leistung erbringen?
- Was brauchen Sie, um Ihre Leistung noch zu steigern?
- Gibt es unter Ihren Aufgaben solche, die schneller erledigt werden könnten oder die gar nicht getan werden müßten, ohne daß dies merklich oder überhaupt irgendwelche negativen Auswirkungen hätte?
- Wofür würden Sie gern mehr Zeit aufwenden, und inwiefern könnte das für das Team und für unsere Kunden von Vorteil sein?
- Sind Sie ausgelastet?
- Könnte man ohne ernsthaften Qualitätsverlust einige Ihrer Aufgaben an einen Mitarbeiter delegieren, der das Unternehmen weniger kostet?
- Wie könnten Sie mich am besten unterstützen, damit ich meinerseits das Team fördern kann/was könnten Sie tun, um den Übergang zu einem neuen Chef (zu mir) zu erleichtern?
- Wenn Sie an meiner Stelle wären, was würden Sie sonst noch tun, um die Leistung und die Arbeitsmoral des Teams zu verbessern?
- Wie können wir aus unserem Team eines der besten des ganzen Unternehmens/der ganzen Branche machen?
- Gibt es sonst noch etwas, worüber Sie und ich zu diesem Zeitpunkt sprechen sollten?

DIE BOTSCHAFT

„Botschaft“ ist einer dieser hochtrabenden Begriffe, die viele im Munde führen, doch nur wenige ganz verstehen und die den allerwenigsten wirklich etwas bedeuten. Sie sollten einer dieser wenigen Menschen sein. Sie und Ihre Mitarbeiter werden keine Freude an der Arbeit haben, wenn Sie nicht an das glauben, was Sie tun. Dazu müssen Sie aber erst einmal artikulieren, was das überhaupt ist, was Sie tun. Und es muß etwas sein, was den Einsatz wert ist und über die reinen Eigeninteressen des Teams hinausgeht.

Unternehmen und Abteilungen müssen, um erfolgreich zu sein, einen bestimmten Zweck erfüllen oder eine Funktion haben, die ihre Existenz rechtfertigt. Sie müssen in irgendeiner Weise etwas Gutes tun. Sie müssen besser sein als der Durchschnitt: Dann werden Sie auch überdurchschnittlichen Erfolg haben. Das läßt sich nicht allein in Zahlen ausdrücken. Der Gewinn eines Unternehmens ist nämlich das Ergebnis der Tatsache, daß man seine Sache gut macht (ein sehr wichtiges Ergebnis), und nicht der Grund dafür.

John F. Kennedy sagte einmal: „Fragt nicht, was euer Land für euch tun kann, sondern was ihr für euer Land tun könnt.“ Dieses Motto gilt auch für Ihr Team. Jede Abteilung sollte sich fragen, was sie für das gesamte Unternehmen tun kann. Und jedes Unternehmen sollte sich fragen, was es für die Allgemeinheit tun kann. Ihr Team sollte dadurch motiviert werden und stolz darauf sein, daß es eine Mission zum Wohle anderer erfüllt.

Das klingt nun vielleicht sehr idealistisch und ein wenig pathetisch, im Grunde genommen ist es aber nur gesunder Menschenverstand. Es gibt auf der ganzen Welt nichts Befriedigenderes, als anderen zu helfen und dafür Anerkennung zu bekommen. Sie müssen also entscheiden, worin die „Botschaft“ Ihres Teams in Hinblick auf das Unternehmen und über dessen Grenzen hinweg besteht. Vielleicht finden Sie, daß das sehr wenig ist. Das macht nichts, solange es sinnvoll und realistisch ist. Der Eindruck, den man von einem Unternehmen hat, hängt oft von scheinbar trivialen Dingen ab. Hebt jemand vor dem dritten Klingeln das Telefon ab? Ist die Rezeptionistin freundlich? Strahlt die Architektur des Gebäudes Wärme und Menschlichkeit aus, oder ist sie kalt und abweisend (was keine Kostenfrage ist)? Funktioniert der firmeninterne Postweg zufriedenstellend? Leitet die Verkaufsabteilung Kundenwünsche sofort an die Herstellung und die Entwicklungsabteilung weiter? Ist der Respekt vor jedem Individuum ein Markenzeichen des Unternehmens? Wie steht es mit der Achtung vor der Umwelt und den Verpflichtungen der lokalen Bevölkerung gegenüber?

Was nun das gesamte Unternehmen betrifft, was leistet es Besonderes für die Allgemeinheit? Was kann es besser als andere? Entwickelt es neue Produkte, bietet es einem bestimmten Kundenkreis den besten Service, trägt es zur Anhebung des Standards für die Konsumenten bei? Sorgt es durch kreative Lösungen für mehr Freude? Hat es kostengünstigere Lösungen anzubieten?

Es gibt Unternehmen, die sich über ihre Botschaft im klaren sind, 80 Prozent aller Unternehmen sind es aber nicht. Um diese echt und dauerhaft zu entwickeln, braucht ein Unternehmen viele Jahre. Oft entsteht sie erst, nachdem alles umgekrempelt worden ist. Als frischgebackener Chef müssen Sie sich zunächst um die Zielsetzungen Ihres Teams kümmern. Wenn das Unternehmen bereits ernstzunehmende Ideen in dieser Richtung entwickelt hat, definieren Sie die Rolle Ihrer Abteilung so, daß sie dazu paßt und etwas Substantielles dazu beiträgt. Ist das hingegen nicht der Fall, sollten Sie in Ihrer Abteilung vorführen, wie die Arbeit mehr Spaß machen kann und bessere Leistungen erbracht werden, wenn die Mitarbeiter das Gefühl haben, daß ihre Arbeit einen Sinn hat und anderen hilft. Sorgen Sie dafür, daß sich die einzelnen Mitarbeiter mit dem Team identifizieren und ein gemeinsames Ziel verfolgen und daß das Team stolz darauf ist.

DIE WETTBEWERBSFÄHIGKEIT IHRES TEAMS

Sie erinnern sich, daß wir in Kapitel 2 vom Wettbewerbsvorteil Ihrer Abteilung bzw. Ihres Unternehmens sprachen. Nun, der Wettbewerbsvorteil ist Teil der „Botschaft“, von der soeben die Rede war, und zwar in Gestalt eines konkreten wirtschaftlichen Prinzips. Er ist der Grund dafür, daß man mehr Gewinne macht oder effizienter arbeitet als die Konkurrenz, worunter nicht nur Mitbewerber von außen zu verstehen sind, sondern durchaus auch vergleichbare Abteilungen des eigenen Unternehmens.

Inzwischen haben Sie bereits mehr Einblick. Sie sollten Ihre erste Einschätzung des Wettbewerbsvorteils Ihrer Abteilung nun differenzieren und gegebenenfalls modifizieren. Sammeln Sie zunächst Informationen und Meinungen im Team, machen Sie sich aber auch schon Gedanken darüber, ob Ihr Wettbewerbsvorteil groß genug ist und wie man ihn vergrößern könnte.

Nachdem Sie sich mit der Botschaft und der Wettbewerbsfähigkeit Ihres Teams auseinandergesetzt und Mitarbeitergespräche geführt haben, sollten Sie entscheiden können, ob Sie Ihre ursprünglichen Anliegen (die Veränderungen, die Sie vornehmen wollen) abändern müssen oder wie geplant weiterverfolgen können. Inwieweit und wann Sie Ihre Überlegungen am besten dem Team mitteilen, werden wir weiter unten besprechen.

WIE ENERGISCH SOLLEN SIE SEIN?

Eine der wichtigsten, aber auch schwierigsten Entscheidungen gleich zu Anfang ist, wie energisch und bestimmt Sie in den ersten Tagen auftreten sollen. Ist es besser, aus Ihren ersten Eindrücken und Überlegungen keinen Hehl zu machen, um Mißverständnissen möglichst vorzubeugen und vielleicht schon erste Veränderungen einzuleiten? Oder lassen Sie sich lieber Zeit, gehen kein Risiko ein und warten, bis Sie sicheren Boden unter den Füßen haben?

Für diese Fragen gibt es, wie so oft im Leben, keine Patentlösung. Sie müssen sich auf Ihren gesunden Menschenverstand und auf Ihr eigenes Urteil verlassen. Zwei Hinweise werden Ihnen aber zumindest helfen.

Als erstes ist da einmal Ihre Persönlichkeit. In manchen kritischen Situationen wird es durchaus angebracht sein, seine wahre Persönlichkeit zu verbergen und sich anders zu geben. Normalerweise werden Sie aber mehr erreichen, wenn Sie sich natürlich verhalten. Wenn Sie von Haus aus sehr energisch sind, sagen Sie das Ihren Mitarbeitern. Lassen Sie keine Zweifel aufkommen, wann Sie nur laut denken und wann Sie etwas bestimmen. Wenn Sie von Natur aus eher zurückhaltend oder introvertiert sind, sollten Sie sich grundsätzlich auch so verhalten. Zwingen Sie sich jedoch, energisch und bestimmt aufzutreten, wenn es nötig ist (zum Beispiel, wenn Sie es mit Mitarbeitern der dritten Kategorie zu tun haben).

Zweitens sollten Sie berücksichtigen, in welchem Ausmaß Veränderungen notwendig sind. Wenn die neu übernommene Abteilung nicht effizient arbeitet oder keine zufriedenstellende Leistung erbringt, müssen Sie durchgreifen, auch wenn das Ihrer Natur zuwiderläuft. Funktioniert die Abteilung dagegen gut und braucht zunächst nicht viel verändert werden, sollten Sie sich in den ersten Tagen etwas zusammennehmen, wenn Sie sehr extrovertiert sind. Sonst besteht die Gefahr, daß beiläufige Bemerkungen eine ganze Lawine unnötiger Veränderungen auslösen.

WIE MAN MIT SCHWIERIGEN MITARBEITERN UMGEHT

Die meisten Ihrer Mitarbeiter sind sicherlich geradeheraus und kooperativ. Aber wie geht man mit Mitarbeitern um, die faul sind, Obstruktionspolitik betreiben, im geheimen gegen einen agieren, Schleimer sind, oder denen alles egal ist?

Hier sind ein paar Tips:

- Denken Sie an Ihr Einstellungs- und Kompetenzschema. Solche Mitarbeiter fallen per definitonem in die dritte oder vierte Kategorie. Als erstes müssen Sie sich mit den Leuten der dritten Kategorie befassen (kompetent, aber Ihnen gegenüber negativ eingestellt). Solche Mitarbeiter sind für Sie und Ihr Team wichtiger, aber auch gefährlicher als Kollegen der vierten Gruppe.

- Sehen Sie das Gute genauso wie das Schlechte. Heben Sie positive Eigenschaften dieser Menschen anerkennend hervor. Loben Sie sie, wenn sie unerwartet Kompetenz zeigen oder eine positive Einstellung an den Tag legen. Wenn man für etwas gelobt wird, stärkt das nicht nur das Selbstbewußtsein, sondern es spornt an, und man versucht dann meistens auch, die geweckten Erwartungen zu erfüllen.

- Stellen Sie den Fortschritt des gesamten Teams in den Mittelpunkt. Ihre Aufgabe ist, das Team zu unterstützen, und nicht, Ihre eigene Karriere voranzutreiben. Sagen Sie nicht: „Ich will es so haben", oder: „Genau so muß es gemacht werden". Stellen Sie Fragen so, als würde sowieso allen nur das Vorankommen des gesamten Teams am Herzen liegen, etwa: „Glauben Sie nicht, daß das Team mehr leisten könnte, wenn Sie X tun anstatt Y?" Oder: „Würden Sie A und B (Mitarbeiter des Teams) nicht besser helfen, wenn Sie es so machen?" Oder erklären Sie zum Beispiel:

„Wir brauchen Ihre Unterstützung, um Z machen zu können, damit das Team unsere Zielvorgabe W erreicht.“

- Vereinbaren Sie Schritte, die überprüfbar sind. Beenden Sie das Gespräch nicht ohne die Zusicherung des Gesprächspartners, daß sich sein Verhalten ändern und dies auch überprüfbar sein wird. Versäumen Sie dann nicht, das auch wirklich zu tun und mit positivem oder negativem Feedback darauf zu reagieren. Aus der Psychologie wissen wir, daß sich eine Einstellung oft leichter verändern läßt, wenn sich zuerst das Verhalten ändert, und nicht umgekehrt (wie wir im Westen meist annehmen). Konzentrieren Sie sich auf kleine Schritte.

- Benutzen Sie das Team, um Ihren Druck auf widerspenstige Mitarbeiter zu verstärken. Der Druck sollte ganz natürlich von gleichrangigen Kollegen kommen.

- Verbergen Sie nichts. Wenn Sie das Verhalten oder die Einstellung eines Mitarbeiters unakzeptabel finden, halten Sie damit nicht hinter dem Berg. Verleihen Sie Ihrer Unzufriedenheit in vollem Umfang (und in aller Höflichkeit) Ausdruck. Es ist erstaunlich, wie sehr wir uns alle davor scheuen: weil wir das fachliche Können eines Mitarbeiters brauchen oder wir uns nicht sicher sind, ob wir den nötigen Rückhalt haben, oder wir schrecken einfach nur vor unangenehmen Konfrontationen zurück. Hüten Sie sich vor diesen Fallen: Sie machen alles nur noch schlimmer und schieben nur den Zeitpunkt hinaus, zu dem Sie dann doch in den sauren Apfel beißen müssen.

- Lassen Sie sich nicht auf Kompromisse ein. Wenn etwas nicht in Ordnung ist, ist es eben nicht in Ordnung. Geben Sie nicht eher nach, bis eine Lösung gefunden ist. Ihr Team wird Ihre Entschlossenheit zu schätzen wissen.

- Herr Faul. Wenn das Problem einzig und allein darin besteht, daß jemand nicht den nötigen Fleiß an den Tag legt, läßt es sich meist rasch lösen. Lassen Sie Herrn Faul mit jemandem arbeiten, der dieselben Qualifikationen hat, aber sehr produktiv ist. Sorgen Sie dafür, daß die Leistungsunterschiede der beiden für alle sichtbar werden. Wenn das nicht hilft, sprechen Sie mit dem Betroffenen ganz direkt. Geben Sie ihm aber zu verstehen, daß sich das Problem Ihrer Ansicht nach relativ leicht beheben läßt. Wenn auch das nicht fruchtet, werden Sie sich von ihm trennen müssen.

- Frau Obstruktion. Diese Dame tritt ganz offen gegen Ihre Veränderungspläne auf. Versuchen Sie es mit den oben genannten Tips. Heben Sie dabei vor allem auch das Vorankommen des gesamten Teams hervor. Setzen Sie sich mit allen sachlichen Argumenten fair und emotionslos auseinander. Wenn es um eine Meinungsverschiedenheit hinsichtlich irgendwelcher Tatsachen geht, besorgen Sie sich die relevanten Informationen. Gehen Sie zunächst davon aus, daß Ihr Gegenüber im Grunde eine genauso positive Einstellung hat wie Sie und nicht so negativ ist, wie sie sich im Moment gibt. Hüten Sie sich davor, persönlichen Widerstand hervorzurufen, und erwidern Sie in keinerlei Weise persönliche Feindseligkeiten. Allerdings müssen Sie Frau Obstruktion unmißverständlich klarmachen, daß sie mit ihrer Politik keinen Erfolg haben wird (auch wenn sie sie noch so konsequent verfolgt), wenn sie nicht beweisen kann, daß ihre Sicht für das Team besser ist als die Ihre. Ist Frau Obstruktion auf Draht, wird sie spätestens dann wissen, wie der Hase läuft. Wenn nicht, ist sie schon Geschichte.
- Herr Geheime Subversion. Ein gefährlicher Verwandter der Frau Obstruktion: jemand, der ja sagt, sich aber nicht danach verhält. Entweder er widerruft direkt Ihre Anweisungen, oder er leistet passiven Widerstand (d. h. er tut nicht das, was er tun soll). In jedem Fall müssen Sie zuerst einmal überhaupt draufkommen, daß jemand gegen Sie agiert. Dann müssen Sie den Herrn damit konfrontieren und ihm klarmachen, daß Sie sein Verhalten nicht tolerieren werden. Richtet er sich nicht danach, sieht auch er sich am besten nach einer neuen Arbeit um.
- Frau Schleimer. Wohl eher eine Peinlichkeit als eine Gefahr. Am besten stellt man dieses Verhalten ab, indem man es öffentlich bloßstellt. Erklären Sie, daß Sie von Natur aus bescheiden sind und eine Abneigung gegen überschwengliches Lob haben. Wenn die Dame den Wink mit dem Zaunpfahl nicht versteht, sorgen Sie dafür, daß ihre Arbeit sie so weit weg von Ihnen führt wie möglich.
- Herr Gleichgültig. Das ist jemand, der vielleicht ganz liebenswürdig ist und Sie auch bereitwillig unterstützt, aber in seiner eigenen Welt lebt. Seine mangelnden Fähigkeiten oder seine Inkompetenz sind ihm nicht bewußt, und er überhört scheinbar jedes Feedback und alle Warnungen. So jemanden kann man nur schwer packen, weil er nicht zu seinen Schwächen steht. Mit Geduld erreicht man hier in neun von zehn Fällen nichts. Versetzen Sie ihn, wenn möglich, auf einen anderen Posten, wo er seine Fähigkeiten besser einsetzen kann. Wenn es in Ihrer Abteilung keinen

geeigneten Posten für ihn gibt, versuchen Sie ihn woanders im Hause unterzubringen. Passen Sie aber auf, daß Ihnen Herr Gleichgültig auf seinem Weg hinaus nicht zuviel von Ihrer wertvollen Zeit stiehlt.

ERKUNDEN SIE IHR UMFELD

In den ersten zehn Tagen werden Sie natürlich die meiste Zeit in Ihrer Abteilung bzw. mit Gesprächen mit Ihren Mitarbeitern verbringen. Allerdings sollte man auch mitbekommen, daß Sie und Ihr Team sich über die Grenzen Ihrer Abteilung hinaus für das Unternehmen und die restliche Welt interessieren. Vor allem müssen Sie Interesse an Ihren Kunden zeigen bzw. an all jenen, die von dem profitieren, was Sie tun. Deshalb sollten Sie sich in den ersten zehn Tagen trotz aller Hektik um zwei Dinge bemühen.

Signalisieren Sie erstens soviel Interesse wie möglich an der Welt draußen, also an allem, was über den engen Bereich Ihres Teams hinausgeht. Stellen Sie Ihren Mitarbeitern dazu Fragen, und geben Sie ihnen zu verstehen, daß Sie die Abteilung sehr stark über ihre Rolle für die Außenwelt definieren.

Unternehmen Sie zweitens mindestens einen größeren Ausflug in die nähere oder weitere Umgebung, d. h. in andere Abteilungen oder zu Kunden; er soll als Symbol für Ihr Engagement für die „Welt draußen" angesehen werden.

Nach den ersten zwei Wochen sollten Sie zumindest ein Drittel Ihrer Zeit „draußen" verbringen.

KOMMUNIZIEREN SIE DURCH HANDELN

Wie wichtig es ist, durch eine oder zwei symbolische Handlungen Ihre Werte, Ihr Engagement und Ihre Ziele zu demonstrieren, wurde bereits betont. Zumindest eine solche Handlung sollten Sie schon genau geplant haben, bevor Sie Ihren Job antreten.

Jetzt müssen Sie die Sache möglichst wirkungsvoll durchziehen. Tun Sie nichts, wovon Sie nicht überzeugt sind oder was nicht zu Ihnen paßt. Eine Ihrer Eigenschaften anfangs ein wenig zu übertreiben, tut manchmal aber seine Wirkung. Nehmen wir an, Sie finden, daß Ihre Mitarbeiter zu oft auf die Uhr sehen. Wenn Sie normalerweise morgens um 8 Uhr ins Büro kommen (oder abends um 7 Uhr nach Hause gehen), dann kommen Sie in den ersten zwei Wochen schon um 7 Uhr (oder gehen Sie erst um 8 Uhr).

Ihre Mitarbeiter werden genau registrieren, womit Sie Ihre Zeit verbringen, welche Fragen Sie stellen und wie Sie mit anderen Leuten umgehen. Auf diese Weise kann man ohne viele Worte seine Werte und Ziele zu erkennen geben.

SCHAFFEN SIE SICH VERBÜNDETE

Auch diesen Teil Ihrer Vorbereitung, nämlich sich Verbündete zu schaffen (siehe auch die Aufzählung auf den Seiten 32 ff.), müssen Sie jetzt anfangen umzusetzen. Nähern Sie sich vorsichtig den Leuten, die Sie dafür ausgewählt haben. Halten Sie aber auch stets Ausschau nach weiteren potentiellen Verbündeten.

Wie überall im Leben sichert man sich die Unterstützung zukünftiger Verbündeter am besten dadurch, daß man ihnen erst einmal etwas gibt. Das muß gar nicht viel sein: eine Gefälligkeit hier, ein wenig Unterstützung durch die Firma dort, ein kleiner, aber unerwarteter Gefallen einem Kunden gegenüber oder einfach nur ein Zeichen, daß Sie jemanden bemerkt haben und schätzen.

Denken Sie auch immer daran, wie wichtig es ist, eigene Leute um sich zu haben. Finden Sie heraus, ob Sie es irgendwie rechtfertigen können, einen neuen Mitarbeiter einzustellen, den Sie kennen und dem Sie vertrauen. Vielen ist das peinlich, oder sie haben Angst, daß es nicht ganz in Ordnung sein könnte. Dabei ist Zurückhaltung in dem Fall ganz unbegründet. Es ist im ureigensten Interesse des Unternehmens, daß Sie ausgezeichnete Leute um sich sammeln, dank derer Sie und Ihr Team mehr leisten.

DIE RICHTIGE NÄHE ZU IHREN VORGESETZTEN

Ein weiterer heikler Punkt, wo Zurückhaltung oft gerade das Falsche ist, ist die Frage, wie man sich am Anfang seinen Vorgesetzten gegenüber verhalten soll. Viele frischgebackene Chefs gehen ihren Vorgesetzten – den Leuten, die sie zum Chef gemacht haben – so lange aus dem Weg, bis sie sich in allem auskennen und Maßgebliches über ihre neue Funktion sagen können.

So verständlich diese Zurückhaltung ist, so naiv und sinnlos ist sie. Kein erfahrener Vorgesetzter wird erwarten, daß Sie in der ersten Woche gleich alles im Griff haben. Sie werden ihn eher abschrecken, wenn Sie so tun, als wüßten Sie am zweiten Tag schon über alles Bescheid. Zurückhaltung bringt weder Ihnen noch Ihrem Team, noch Ihrem Chef etwas. Von allen im Unternehmen hat letztlich Ihr Chef das größte Interesse daran, daß Sie reüssieren – er hat Sie schließlich ausgewählt. Er hat die Macht und die Kompetenz, Ihnen in den ersten kritischen Tagen unter die Arme zu greifen, und wird das in der Regel auch tun.

Seien Sie deshalb ehrlich, was Ihre Herausforderungen und Schwierigkeiten angeht. Überlassen Sie es aber Ihrem Chef, sich dazu zu äußern oder Ihnen seine Hilfe anzubieten (oder auch nicht). Nach der Lektüre dieses Buches sind Sie in jedem Fall gut vorbereitet, und Ihr Chef wird mit Sicherheit nicht weniger von Ihnen halten, weil Sie zeigen, daß Sie sich der Schwierigkeiten bewußt sind. Er wird im Gegenteil beeindruckt sein, wie rasch Sie die Fallgruben ausgemacht haben und wie entschlossen Sie sind, aus Ihrer Abteilung mehr zu machen.

Machen Sie nach den ersten zehn Tagen Inventur

Die ersten zehn Tage waren bestimmt sehr hektisch und haben Sie sehr gefordert (ein Grund mehr, daß Sie sich erholen und in Form bringen, bevor Sie anfangen). Überprüfen Sie anhand des folgenden Tests, wie gut Sie Ihre Sache gemacht haben. Klappen Sie das Buch dann zu, und gönnen Sie sich ein schönes und arbeitsfreies Wochenende.

DIE 10-TAGE-CHECKLISTE

Ankreuzen

1. **Wissen Sie, ob einige Ihrer Mitarbeiter in die dritte oder vierte Kategorie fallen und wer diese Leute sind?**

   A Ich weiß nicht, was Sie meinen. ☐

   B Noch nicht/nicht sicher ☐

   C Ja ☐

2. **Haben Sie sich einen Plan zurechtgelegt, wie Sie mit Mitarbeitern der dritten Kategorie verfahren wollen?**

   A Ja ☐

   B Nein/noch nicht ☐

3. **Haben Sie mit allen Teammitgliedern ein wenigstens einstündiges Gespräch unter vier Augen geführt?**

   A Ja ☐

   B Nein ☐

4. **Wissen Sie, was Ihr Team für das Unternehmen und „die Welt draußen“ tun kann oder tun sollte?**

   A Ja, wenigstens so ungefähr ☐

   B Ich habe eine ungefähre Vorstellung und werde mich später noch näher damit befassen. ☐

   C Nein, dazu ist es noch zu früh. ☐

5. **Hat sich Ihre ursprüngliche Einschätzung der Wettbewerbsfähigkeit Ihres Teams bestätigt, und wissen Sie, wie das Team auch in Zukunft besser als „vergleichbare“ Teams sein kann oder wie es besser werden könnte?**

   A Ja ☐

   B Nein ☐

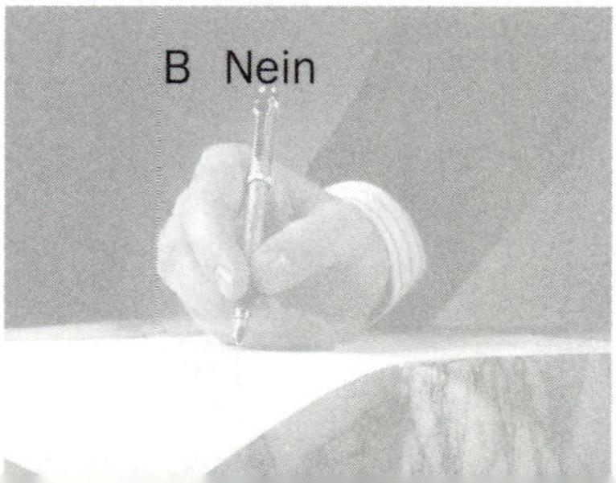

6. Waren Sie energischer als normal? Ankreuzen

A Nein, weil keine größeren Veränderungen notwendig sind und ich von Haus aus schon energisch genug bin. ☐

B Nein, ich weiß, daß Veränderungen vorgenommen werden müssen, aber ich lasse mir Zeit, bis ich überzeugende Beweise habe. ☐

C Nein, weil Taten mehr zählen als Worte, und jeder der Augen im Kopf hat, kann aus meinen Taten ablesen, was ich für notwendig erachte. ☐

D Ja, weil Veränderungen vorgenommen werden müssen und die Leute das von Anfang an wissen sollen. ☐

7. Haben Sie sich in den vergangenen zwei Wochen insgesamt wenigstens zwei Stunden lang mit Ihrem Vorgesetzten unterhalten?

A Nein, damit will ich warten, bis ich alles im Griff habe. ☐

B Nein, ich hatte es zwar vor, konnte ihn dann aber nicht erreichen. ☐

C Ja ☐

8. Wo haben Sie den Großteil der vergangenen zwei Wochen verbracht?

A Mit meinen Mitarbeitern, um sie und das Unternehmen kennenzulernen. ☐

B In meinem Büro, um draufzukommen, wie das Unternehmen funktioniert, und mir einen Plan zurechtzulegen. ☐

C Mit Kunden ☐

D Sonst irgendwo ☐

9. Haben Sie an den ersten beiden Wochenenden in Ihrer neuen Funktion gearbeitet bzw. haben Sie das vor?

A Ja ☐

B Nein ☐

Berechnung Ihrer Punktzahl

Frage 1
A oder B: 0 Punkte
C: 15

Frage 2
A: 15
B: 0

Frage 3
A: 10
B: 0

Frage 4
A oder B: 10
C: 0

Frage 5
A: 10
B: 0

Frage 6
A: 10
B: 0
C oder D: 10

Frage 7
A oder B: 0
C: 10

Frage 8
A: 10
B, C oder D: 0

Frage 9
A: 0
B: 10

Auswertung

80–100 Gut gemacht! Sie haben einen ausgezeichneten Start hingelegt und können sich jetzt schon viel sicherer fühlen als noch vor zwei Wochen.

60–75 Gar nicht so schlecht. Streichen Sie sich an, was Sie noch nicht getan haben, und holen Sie das in der nächsten Woche nach. Wenn Sie das Unkraut jetzt jäten, wird es später nicht Ihren Garten überwuchern.

40–55 Sie geben sich zwar Mühe, aber Sie setzten nicht die richtigen Prioritäten. Überlegen Sie genau, wie Sie die verlorene Zeit in der nächsten Woche wettmachen können. Verschieben Sie ein paar Dinge, die Sie eigentlich tun wollten, die aber nicht so dringend sind.

0–35 Entweder haben Sie das Buch nicht aufmerksam gelesen, oder Sie sind nicht hart genug für die notwendigen Schritte. Atmen Sie tief durch, streichen Sie alles, was Sie in den nächsten zwei Wochen vorhatten, und holen Sie das nach, was in diesem Kapitel vorgeschlagen wurde. Ihre ersten 100 Tage werden dann 120 Tage dauern, aber das wird vermutlich niemandem auffallen. Sie müssen die Sache auf jeden Fall rasch ins Lot bringen.

KAPITEL 4

Chefs und Märkte

In den vergangenen zwei Wochen standen Ihre Mitarbeiter im Vordergrund. Sie sollten sich zwar auch bereits ein paar Gedanken über Ihre Kunden und Ihre Vorgesetzten gemacht haben, doch haben Sie denen zunächst sicherlich nur wenig Zeit gewidmet. In den nächsten zwei Wochen müssen Sie sich nun ganz auf „die Welt draußen" konzentrieren, in erster Linie auf Ihren Markt und Ihre Kunden oder Klienten.

ABER ICH HABE WEDER KUNDEN NOCH KLIENTEN!

Stimmt nicht! Es gibt immer Kunden oder Klienten. Zugegeben, sie heißen vielleicht nicht so und überweisen Ihnen vielleicht auch nicht Geld für etwas, was sie bei Ihnen gekauft haben. Aber jedes Unternehmen und jede einzelne Abteilung oder Arbeitsgruppe verfolgt einen wirtschaftlichen Zweck. Jede Abteilung, jede Gruppe tut irgend etwas, was irgendwer außerhalb der Abteilung oder Gruppe braucht. Wenn Sie glauben, Sie haben keine Kunden oder Klienten, dann finden Sie heraus, wer dieser „Irgendwer" in Ihrem Fall ist. Betrachten Sie diese Leute von nun an als Ihre Kunden. Ob Ihre Kunden die Mitarbeiter oder die Aktionäre Ihres Unternehmens sind, in jedem Fall gibt es sie, und Ihre Zukunft hängt davon ab, ob Sie sie zufriedenstellen.

SEHEN SIE SICH IHRE „MEINUNGSUMFRAGEN“ AN

Vielleicht glauben Sie, so etwas haben Sie auch nicht! Wirklich nicht? Keine Kunden und keine Meinungsumfragen? Was ist nur aus der Welt geworden?

Unter „Meinungsumfragen“ verstehe ich Angaben darüber, wie gut die Leistung ist, die das Team für seine Kunden erbringt, und zwar nach Meinung dieser Kunden.

Viele Unternehmen, die Konsumartikel wie Zahnpasta oder Autos verkaufen, verwenden natürlich tatsächlich Meinungsumfragen, die diverse Marktforschungsinstitute für sie durchführen. Daraus ersehen sie ihre Marktanteile und die Zufriedenheit der Kunden. Jedem Team sollten solche Informationen zur Verfügung stehen. Jedes Team/jedes Unternehmen sollte wissen, wie sehr das gefragt ist, was es anbietet. Es sollte wissen, was seine Kunden von ihm halten, und zwar sowohl unabhängig von anderen als auch im Vergleich zu denen, die ähnliche Produkte oder Dienstleistungen anbieten.

Wenn Sie die Telefonvermittlung leiten, sind Ihre Kunden die Leute, die von draußen anrufen, aber auch die Mitarbeiter Ihres Unternehmens, die die Anrufe bekommen und selbst telefonieren wollen. Relevante Informationen wären für Sie etwa, wie oft das Telefon klingelt, bevor abgenommen wird, wie oft und wie lange Anrufer auf das Freiwerden der Leitung und den gewünschten Gesprächspartner warten müssen, wie freundlich die Telefonistinnen nach Meinung der Anrufer sind und wie gut das Unternehmen in dieser Hinsicht im Vergleich mit anderen Unternehmen abschneidet.

Es spielt keine Rolle, in welcher Branche Sie tätig sind oder welche Funktion Ihr Team im Unternehmen hat. Für Ihre Leistung und die Zufriedenheit Ihrer Kunden gibt es immer meßbare Kriterien. Erarbeiten Sie diese Kriterien gemeinsam mit Ihrem Team, und ermitteln Sie auch, wie es diesbezüglich mit der Konkurrenz aussieht.

Als nächstes können Sie dann überlegen, wie Sie an die gewünschten Informationen kommen. Ein paar stehen Ihnen meistens zur Verfügung, von denen Sie zunächst ausgehen können, auch wenn es sich dabei nur um Anekdoten oder Negativmeldungen (Reklamationen, Beschwerden) handelt. Das Problem dabei ist, daß diese zwar gültig sind und auch etwas aussagen, im Grunde aber Ausnahmefälle darstellen. Sie müssen sich deshalb durch Stichproben mehr Informationen beschaffen. Bitten Sie Ihre Kunden, Sie und Ihre „Konkurrenten" auf einer Skala (sagen wir von eins bis zehn oder von eins bis fünf) einzustufen; sammeln Sie aber auch detailliertere Einschätzungen.

Eine Wohlfahrtsorganisation, die sich um in Schwierigkeiten geratene Jugendliche kümmert, wollte zum Beispiel wissen, wie sie von denjenigen gesehen wird, die mit ihr zu tun haben (also sowohl von den Jugendlichen als auch von den Personen oder Institutionen, die die Organisation finanziell unterstützen oder mit ihr zusammenarbeiten, wie etwa Bewährungshelfer, Gesundheitsbeamte, Richter oder die kommunalen Behörden). In einer einfachen Telefonumfrage bat man die „Kunden", zuerst die eigene Wohlfahrtsorganisation und dann andere ähnliche Organisationen nach sieben Kriterien auf einer Skala von eins bis zehn zu benoten. Dabei kam folgendes Ergebnis heraus:

	Organisation X	„Konkurrenten"
Betreuungskompetenz	8,9	7,5
Eingehen auf Kunden	8,4	5,7
Innovativer Ansatz	8,3	6,0
Wirtschaftlichkeit	6,3	5,5
Interne Effizienz	6,1	6,2
Finanzielle Mittel	4,8	8,3
Spendenbeschaffung	4,4	8,2

Unter anderem war aus dieser einfachen Umfrage herauszulesen, daß die Wohlfahrtsorganisation mehr finanzielle Mittel brauchte und sich verstärkt um Sponsoren bemühen mußte. Gleichzeitig wurde ihr aber bestätigt, daß die Kunden ihre Arbeit mit den Jugendlichen sehr hoch einschätzten. Das bestärkte sie darin, ihren Tätigkeitsbereich auszuweiten.

Eine weitere brauchbare Methode ist, die Kunden zu fragen, was für sie bei der Wahl eines bestimmten Produkts oder einer bestimmten Dienstleistung entscheidend ist. Aufgrund dieser Informationen (wobei die Befragten wieder Einstufungen von eins bis zehn vornehmen) können die Kunden in Segmente eingeteilt werden. Dabei umfaßt jedes Segment Kunden mit ähnlichen Bedürfnissen, die sich jeweils von den Bedürfnissen anderer Kundensegmente unterscheiden.

Ein typisches Beispiel für diese Methode wäre eine Umfrage unter Kunden, die eine bestimmte Art von Kleidung kaufen. Grundsätzlich sind, das weiß man aus früheren Untersuchungen, für den Markt drei Bedürfnisse fast gleich wichtig:

Kriterien für Kaufentscheidungen auf dem gesamten Markt

	Gesamter Markt
Preis	7,6
Qualität/Haltbarkeit	7,5
Mode	7,5

Diese Daten sehen auf den ersten Blick ganz brauchbar aus. Es wird aber sehr schwierig sein, Artikel zu produzieren, die alle drei Bedürfnisse gleichermaßen befriedigen. Als viel nützlicher erweist sich in dem Fall die Klassifizierung der Käufer in drei Segmente, für die jeweils ein Bedürfnis deutlich Priorität hat.

Kriterien für Kaufentscheidungen nach Marktsegmenten

	Segment A	Segment B	Segment C
Preis	9,3	6,7	6,8
Qualität/Haltbarkeit	7,0	9,5	6,0
Mode	4,9	7,9	9,7

Aus diesen Daten geht eindeutig hervor, daß man als Hersteller nicht versuchen sollte, alle Bedürfnisse des Marktes gleichermaßen zu bedienen. Letzten Endes befriedigt man so nämlich keine der anvisierten Käufergruppen mit ihren spezifischen Wünschen. Viel sinnvoller ist es, zunächst einmal die eigene Position in den einzelnen Segmenten – auch hinsichtlich der verschiedenen Kriterien für die Kaufentscheidung – zu bestimmen und sich dann auf das Segment zu konzentrieren, in dem man am stärksten ist. So wird sich ein Hersteller von Billigprodukten auf das Segment A (das Preissegment) konzentrieren und Bekleidungsartikel zu günstigen Preisen in annehmbarer Qualität anbieten, sich aber nicht allzu viele Gedanken über Modefragen machen. Für eine andere Firma wird es besser sein, sich auf das Segment B (das Qualitätssegment) zu verlegen und Produkte anzubieten, die zwar um einiges teurer, dafür aber sehr haltbar und auch modisch sind. Ein drittes Unternehmen wird als Zielgruppe das Segment C (das Modesegment) wählen. Ihm wird es nicht wichtig sein, ob seine Produkte sich schnell abnützen oder teuer sind. Es wird sich aber die besten Modedesigner, Models und Werbeleute leisten, um sich als Hersteller topmodischer Kleidung einen Namen zu machen. Auf diese Art können alle drei Firmen ihre jeweilige Käufergruppe zufriedenstellen; sie werden sich untereinander nicht allzuviel Konkurrenz machen, und alle werden gut verdienen.

Überlegen Sie, welche Marktsegmente oder Käufergruppen es in Ihrer Branche gibt. Wo könnte Ihr Team entweder jetzt schon oder mit ein paar leichten Anpassungen am besten punkten? Besorgen Sie sich die notwendigen Informationen, um entscheiden zu können, welche Kunden und Kundenbedürfnisse Sie am ehesten ansprechen. Und überprüfen Sie dann regelmäßig, wie gut Sie sie tatsächlich befriedigen.

Durch die Einstellung auf Ihre Kunden und deren Bedürfnisse wird sich die Neuorientierung Ihres Teams ganz von selbst ergeben und keine schmerzhaften Eingriffe notwendig machen. Außerdem wird es seine Leistung merkbar steigern. Sie sind dann nämlich nicht mehr der böse Chef, der seine Leute tyrannisiert und einschüchtert, um mehr aus ihnen herauszuholen. Sie führen sie nur und geben die Richtung an. Sie machen sie darauf aufmerksam, was die Kunden des Teams wollen, und helfen dem Team, mehr und zufriedenere Kunden zu bekommen. Die Kunden entscheiden schließlich über das Schicksal des Teams. Idealerweise trägt jeder im Team von sich aus das Seine dazu bei, so daß Sie in Ruhe über den nächsten strategischen Schritt nachdenken können, mit dem Sie das Team wieder ein Stück weiterbringen.

WIE SIE DAS TEAM AUF DIE KUNDEN EINSTELLEN

So können Sie die nächsten zwei Wochen effizient nutzen:

- Beauftragen Sie einen oder mehrere Mitarbeiter Ihres Teams, alle Informationen zusammenzutragen, die in der Abteilung über Kunden verfügbar sind. Das dürfte in höchstens einem Tag zu erledigen sein. Berufen Sie dann eine Zusammenkunft des gesamten Teams ein, um die Informationen zu diskutieren. Das ist auch dann (oder sogar gerade dann) strategisch sinnvoll, wenn sich herausstellt, daß es nur sehr wenige oder gar keine Daten gibt. Dann liegt nämlich für alle auf der Hand, daß sich Arbeitsabläufe oder Einstellungen ändern müssen. Gibt es dagegen sehr viele Informationen, ist inzwischen wahrscheinlich vieles in Vergessenheit geraten, oder man hat die Lektion daraus vielleicht nie richtig gelernt.
- Lassen Sie das Team zusammenfassen, wer seine wichtigsten Kunden sind und worin deren wichtigste Bedürfnisse bestehen.

- Bitten Sie Ihre Mitarbeiter zu beurteilen, wie erfolgreich sie ihrer Meinung nach diese Bedürfnisse befriedigen, und zwar sowohl absolut gesehen als auch im Vergleich mit der Konkurrenz.

- Erklären Sie Ihrem Team, was Kundensegmente sind. Bitten Sie es, jene Segmente zu benennen, deren Bedürfnisse es am besten befriedigen kann, und Vorschläge zu machen, was man in Hinblick auf jedes Segment in erster Linie tun sollte.

- Bitten Sie Ihre Mitarbeiter, für Sie als neuen Chef ein paar (3 bis 12) Kundenbesuche zu arrangieren. Es spielt keine Rolle, ob die Kunden zu Ihnen kommen oder ob Sie die Kunden aufsuchen; richten Sie sich danach, was den Kunden angenehmer ist. Auf jeden Fall sollten aber einige Ihrer Mitarbeiter anwesend sein. Als jemand, der noch nicht lange im Unternehmen ist, können Sie relativ unbelastet Fragen stellen (wie zum Beispiel „Worin sind wir gut?“ oder „Worin sind wir nicht so gut?“ oder „Was müssen wir in erster Linie tun, um Sie zufriedenzustellen?“). Dabei werden Sie und Ihr Team mit Sicherheit einiges Wissenswerte und Neue erfahren. Teilen Sie die Ergebnisse jedes Kundengesprächs, vor allem die jeweiligen Kundenbedürfnisse, auch dem restlichen Team mit, am besten in informellen Gesprächsrunden. Heben Sie bei dieser Gelegenheit den einen oder anderen Mitarbeiter anerkennend hervor, wenn es sich anbietet. Kritik oder Leistungsschwächen sollten Sie dagegen eher allgemein formulieren. Die Mitarbeiter sollten gern an solchen Zusammenkünften teilnehmen, ansonsten werden sie kaum etwas daraus lernen.

- Alle notwendigen Verbesserungen müssen vom gesamten Team mitgetragen werden. Es muß klar sein und auch Einigkeit darüber herrschen, wer für welche Schritte verantwortlich ist. Sorgen Sie dafür, daß der Fortschritt regelmäßig kontrolliert wird, damit das Team als Ganzes und auch die einzelnen Mitarbeiter jederzeit wissen, wo sie stehen.

All das sollten Sie in diesen zwei Wochen in Angriff nehmen. Sie werden dafür einen Großteil Ihrer Zeit reservieren müssen. Wenn Ihr Team in der normalen Arbeitszeit keine freien Kapazitäten hat, setzen Sie sich mit dem Einverständnis der Mitarbeiter abends oder irgendwann sonst zusammen. Wenn Sie sich nicht schon sehr früh und sehr intensiv um die Kunden kümmern, wird man annehmen, Kunden seien weder für Sie noch für Ihr Team besonders wichtig. Das würde sich in der Zukunft rächen. Widmen Sie ihnen deshalb schon jetzt soviel Aufmerksamkeit wie möglich.

In diesen zwei Wochen sollten Ihre Kunden der wichtigste Punkt auf Ihrer Tagesordnung sein. Investieren Sie aber auch ein wenig Zeit, um sich gedanklich mit Ihren Chefs auseinanderzusetzen bzw. persönlich mit ihnen zusammenzutreffen.

WIE MAN MIT VORGESETZTEN UMGEHT

Als erstes müssen Sie sich in Gedanken darauf einstellen, daß Ihr Vorgesetzter dazu da ist, Ihnen zu helfen. Ganz im Ernst! Genauso wie Sie die Aufgabe haben, Ihre Teammitglieder zu besseren Leistungen zu führen, wird Ihr Vorgesetzter unter anderem dafür bezahlt, daß er für Ihren Erfolg sorgt. Viel zu oft sehen wir in unseren Vorgesetzten so etwas wie Ungeheuer – das stammt wohl noch aus den Tagen der industriellen Revolution und der Schinderei in düsteren Fabriken. Wir kriechen vor ihnen, sind unterwürfig, geraten in ihrer Anwesenheit ins Schwitzen, wollen uns unbedingt von unserer besten Seite zeigen oder gehen ihnen möglichst aus dem Wege.

Diese Verhaltensweisen sind allesamt nicht rational begründbar. Und vor allem sind sie in niemandes Interesse: Weder Sie haben etwas davon, noch Ihr Team und schon gar nicht Ihr Vorgesetzter (es sei denn, er ist ganz und gar dem Machtrausch erlegen; aber dann stehen Sie vor einem ganz anderen und sehr viel größeren Problem, als wir hier behandeln können).

Wir müssen Kennedys Ausspruch in dem Fall also umdrehen: Fragen Sie nicht (oder zumindest noch nicht), was Sie für Ihren Vorgesetzten tun können, sondern was er für Sie tun kann. Ihr Vorgesetzter kann, zumindest am Anfang, meist sehr viel für Sie tun. Dazu ein paar Stichworte als Gedankenstütze:

Information

Ihr Vorgesetzter kennt die firmeninterne politische Lage mit Sicherheit viel besser als Sie. Außerdem weiß er wahrscheinlich auch besser über die Bedürfnisse und Eigenheiten der wichtigsten Kunden oder anderer am Unternehmen interessierter Personen Bescheid. Zapfen Sie diese Datenbank möglichst schnell und umfassend an.

Hilfe von oben

Sie werden sehr schnell draufkommen, daß Sie zusätzliche Mittel brauchen, wenn Ihr Team mehr leisten soll. Sie werden vielleicht mehr Leute brauchen, mehr Geld oder die Unterstützung einer anderen Abteilung. All das können Sie nur von Ihrem Chef bekommen. Sie müssen ihn davon überzeugen, daß Sie damit dem Interesse des gesamten Unternehmens dienen. Ein guter Tip, um mehr von etwas zu bekommen: Bieten Sie Ihren Verzicht auf etwas an, was für Sie weniger wichtig ist. Bieten Sie notfalls also an, auf einen Mitarbeiter zu verzichten (vielleicht einen aus der dritten Kategorie!), auf einen Teil Ihres Budgets oder auf entbehrliche Dienste einer anderen Abteilung. Damit geben Sie Ihrem Chef deutlich zu verstehen, daß Sie das Wohl des gesamten Unternehmens im Auge haben und nicht darauf aus sind, Ihren Besitz zu mehren.

Rückendeckung für unten

Ihre Mitarbeiter werden nicht immer ohne weiteres genau das tun, was Sie für notwendig erachten. Es werden ein paar widerspenstige oder rückfällige Mitarbeiter darunter sein, die an anderer, womöglich sehr hoher Stelle im Unternehmen vielleicht einen Stein im Brett haben. Sie werden deshalb für Reformen (auch wenn sie von einem Großteil Ihrer Mitarbeiter gutgeheißen werden) die Rückendeckung Ihres Chefs brauchen. Ihr Vorgesetzter sollte unbedingt über potentielle Probleme umfassend informiert sein und über den Hintergrund, warum man sich mit ihnen auseinandersetzen muß. Sie müssen in ihm einen überzeugungsstarken Fürsprecher haben, sollte die oberste Führungsspitze von eventuellen Problemen erfahren. Manchmal wird Ihr Vorgesetzter Ihnen vielleicht sogar behilflich sein können, schwierige Mitarbeiter „auf den rechten Weg“ zu führen (warten Sie aber, bis er Ihnen das von sich aus anbietet – bitten Sie nicht direkt darum).

Moralische Unterstützung

Unterschätzen Sie die emotionale Belastung nicht, die mit einem neuen Job verbunden ist und mit dem Anspruch, alles besser machen zu wollen. „Wenn es nicht weh tut, wirkt es nicht.“ Von Zeit zu Zeit werden Sie Unterstützung brauchen, einen Rat oder einfach jemanden, der Ihnen zuhört. Von Verbündeten in Ihrer Abteilung oder gleichrangigen Kollegen in anderen Abteilungen können Sie in dieser Beziehung sicher einiges erwarten. Besonders wertvoll ist aber die Hilfe, die von einem Vorgesetzten kommt. Allerdings ist auch hier Vorsicht am Platz. Bitten Sie nicht um etwas, was Sie nicht bekommen werden. Schaffen Sie eine Situation, in der Ihr Chef Ihnen seine Hilfe von sich aus anbietet. Seien Sie niemals so taktlos, ihn darum zu bitten.

CHEFS SIND EIGENWILLIG UND HABEN IHRE „STECKENPFERDE“

Chefs sind auch nur Menschen, aber jeder Mensch ist anders. (Das ist zwar eine Binsenweisheit, aber ich entschuldige mich trotzdem nicht dafür, weil ich sie für sehr wichtig halte. Sie werden sehen, warum.) Genauso wichtig wie zu wissen, was Ihre Kunden vom Hocker reißt, ist es, zu wissen, womit Sie die Zuwendung und Unterstützung Ihres Chefs erlangen können.

Viele Chefs sind zum Beispiel scharf auf Zahlen. Sie analysieren immer alles. Sie spielen gerne mit dem Taschenrechner herum. Sie halten sich für Rationalisten. Sie interessieren sich nicht für Gefühle oder Visionen, sie haben eine Abneigung gegen Meinungen und Instinkte, und ihre Lieblingsphrase ist: „Ich will Fakten sehen.“ Wenn Ihr Chef so ein Typ ist, werden Sie keinen guten Start hinlegen, wenn Sie anfangen, von Ihren Anliegen zu reden, Ihrer Vision oder Ihrem Gefühl im Bauch. Statt dessen sollten Sie jeden Vorschlag durch eine detaillierte Kosten-Nutzen-Analyse untermauern.

Es gibt aber auch Chefs, die charismatische Führungspersönlichkeiten sind und für die Zahlen nicht mehr als eine zusätzliche Absicherung darstellen, die sie lieber den Buchhaltern überlassen. Solche Chefs sind in erster Linie am Geschäftsgang und an Menschen aus Fleisch und Blut interessiert: an den Kunden, den Mitarbeitern, den Konkurrenten. Sie sind vielleicht in Detailfragen nicht so kompetent, dafür aber um so besser, wenn es um die „Vision“ geht. Eine Kosten-Nutzen-Analyse würde so jemanden völlig kalt lassen.

Wieder andere Chefs nehmen sich weder für Zahlen noch für Philosophie Zeit. Für sie stehen konkrete Handlungen und meßbare Resultate im Vordergrund. Was sie fasziniert, sind Strategien und Taktiken, und sie setzen gerne andere unter Druck. Mit ihnen können Sie über widerspenstige Mitarbeiter reden, nicht aber über Ihre Anliegen oder Ihre Kosten-Nutzen-Analyse.

Im nächsten Kapitel werden wir uns noch näher mit Vorgesetzten-Stereotypen befassen, und zwar im Zusammenhang mit Ihren Persönlichkeitsmerkmalen. Solche stereotypen Persönlichkeitsbeschreibungen enthalten natürlich nur ein paar jeweils zutreffende Aspekte und sind nur ein Hilfsmittel unter vielen. Versuchen Sie deshalb, die Persönlichkeitsmerkmale und die „Weltsicht" Ihres Vorgesetzten auch noch auf andere Weise möglichst ausführlich zu beschreiben. Finden Sie seine Steckenpferde heraus, noch bevor Sie ihn treffen oder spätenstens während Ihres Gesprächs. Scheuen Sie sich dann nicht, dem Pferd „Zucker" zu geben, soweit Sie dazu stehen können. So werden Sie sein Interesse wecken, gemeinsame Ziele finden und sich für die Zukunft seine Unterstützung sichern können.

Achten Sie darauf, wie andere mit Ihrem Chef umgehen und wieviel Erfolg sie dabei haben. Sehen Sie sich die Firmengeschichte an. Stellen Sie fest, womit Ihr Chef Erfolg hatte, wie er zu Einfluß gekommen ist und wo seine natürlichen Stärken liegen. Dann wissen Sie besser, wann und wie Sie sich seine Unterstützung sichern können.

VERNACHLÄSSIGEN SIE NICHT DIE „SUPERBOSSE"

Die Superbosse sind die Vorgesetzten Ihres Chefs. Finden Sie heraus, wer von ihnen sich für Ihre Anliegen interessieren könnte, welches Verhältnis Ihr Chef zu seinen Vorgesetzten hat und was deren Faibles sind. Bemühen Sie sich im Laufe der Zeit, dieses Wissen auszubauen und zu vertiefen, und machen Sie davon sparsam und mit Fingerspitzengefühl Gebrauch. Setzen Sie sich niemals über Ihren unmittelbaren Chef hinweg. Machen Sie aber bei jeder Gelegenheit andere auf das aufmerksam, was Sie im Interesse des gesamten Unternehmens tun und was von den Superbossen wahrscheinlich unterstützt werden würde.

Weiter zur 20-Tage-Checkliste

Beurteilen Sie jetzt anhand der folgenden Checkliste die Fortschritte, die Sie in den vergangenen zwei Wochen erzielt haben. Sie haben zweifellos spannende zwei Wochen hinter sich: Gleich werden wir sehen, ob es auch erfolgreiche zwei Wochen waren.

DIE 20-TAGE-CHECKLISTE

1. Wissen Sie, wer Ihre Kunden sind, und haben Sie sich alle verfügbaren Informationen über die wichtigsten Bedürfnisse dieser Kunden besorgt bzw. darüber, welche Meinung sie von Ihrer Abteilung haben? Ankreuzen

A Ja, aber es gibt nicht sehr viele Informationen. ☐

B Ja, und diese Informationen waren sehr hilfreich. ☐

C Nein, noch nicht. Wir arbeiten noch daran, um uns ein besseres Bild machen zu können. ☐

D Nein, es ist zu früh, sich darüber Gedanken zu machen. ☐

2. Wissen Sie schon, welche Meinungsumfragen für Sie in Frage kommen?

A Ja ☐

B Es gibt keine, aber wir sind dabei, welche zu entwerfen. ☐

C Nein ☐

3. Können Sie zumindest drei Kundensegmente nennen, die für Ihre Abteilung wichtig sind?

A Nein ☐

B Ja ☐

C Noch nicht, wir arbeiten aber intensiv daran und werden sie bald kennen. ☐

4. Wissen Sie, welches Segment oder welche zwei Segmente den Stärken Ihres Teams am meisten entsprechen?

A Ja, wir wissen das schon ziemlich genau. ☐

B Wir haben ein paar Hypothesen und überprüfen sie gerade. ☐

C Ehrlich gesagt haben wir noch keine klare Vorstellung. ☐

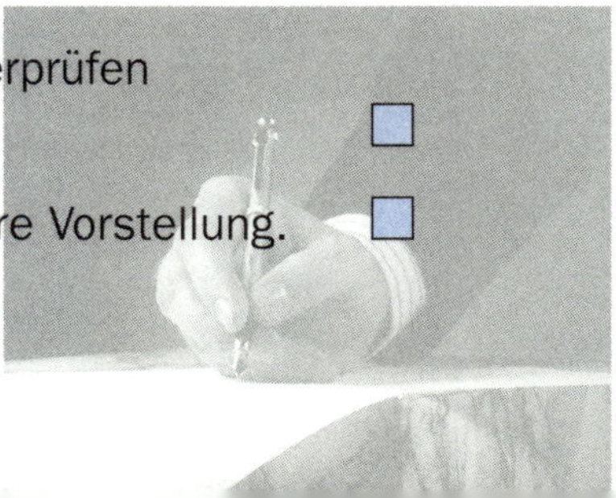

5. Haben Sie zumindest eine Versammlung des gesamten Teams abgehalten, um über Kundenbedürfnisse und die Marktsegmentierung zu sprechen? Ankreuzen

A Ja ☐

B Nein ☐

6. Haben Sie wenigstens drei wichtige Kunden getroffen?

A Ja ☐

B Noch nicht ☐

7. Haben Sie Ihre Mitarbeiter über die Ergebnisse dieser Kundengespräche informiert bzw. diese mit ihnen besprochen?

A Ja ☐

B Nein/trifft nicht zu (weil es noch zu keinen Kundengesprächen gekommen ist). ☐

8. Hat sich Ihr Team auf einen Aktionsplan geeinigt, um die Zufriedenheit der Kunden zu verbessern, und die dafür notwendigen Verantwortungsbereiche und Termine festgelegt?

A Ja ☐

B Nein ☐

9. Haben Sie schon die Unterstützung Ihres Vorgesetzten in den Bereichen mobilisiert, in denen er Ihnen behilflich sein könnte (Information; Hilfe von oben; Rückendeckung für unten; moralische Unterstützung)?

A Nein ☐

B Nur in einem Bereich ☐

C In zwei Bereichen ☐

D Ja, in drei oder vier Bereichen ☐

10. Können Sie mit ein paar Worten die wichtigsten „Steckenpferde“ Ihres Chefs beschreiben? Ankreuzen

A Die gehen mich nichts an. ☐

B Ich arbeite noch daran. ☐

C Ja ☐

Berechnung Ihrer Punktzahl

Frage 1
A oder B: 10 Punkte
C: 5
D: 0

Frage 2
A: 15
B: 5
C: 0

Frage 3
A: 0
B: 10
C: 0

Frage 4
A: 15
B: 5
C: 0

Frage 5 bis 8
A: jeweils 10
B: jeweils 0

Frage 9
A: 0
B: 10
C: 15
D: 20

Frage 10
A oder B: 0
C: 10

Auswertung

100–120 Glückwunsch! Sie haben alles im Griff. Wir werden sehen, ob Sie in den nächsten zehn Tagen auch so gut abschneiden.

80–95 Kein schlechter Start. Schließen Sie in den nächsten vierzehn Tagen die Lücken.

60–75 Sie haben ein paar Fortschritte gemacht. Allerdings sind Sie noch nicht so weit, daß Sie zum nächsten Kapitel übergehen können. Investieren Sie noch eine Woche, um die fehlenden Punkte aufzuholen.

0–55 Du lieber Himmel! Tut mir leid, wenn das besserwisserisch klingt, aber Sie werden mit Sicherheit scheitern, wenn Sie sich die genannten Grundsätze nicht zu Herzen nehmen. Investieren Sie noch einmal zwei Wochen oder auch länger, bis Sie zumindest auf 80 Punkte kommen.

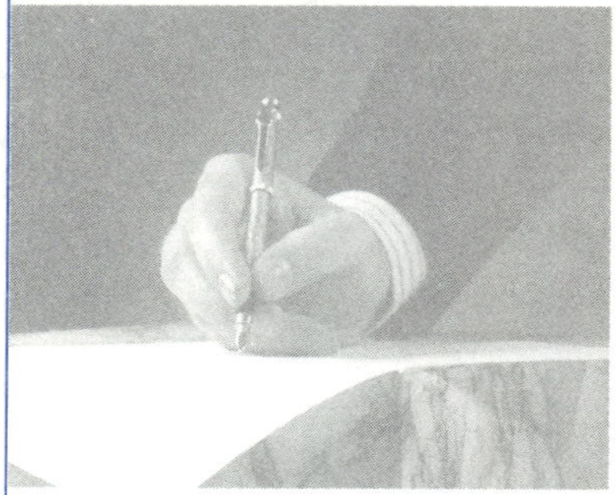

KAPITEL 5

Erkenne dich selbst

Dieses Kapitel wird Ihnen wahrscheinlich am meisten Spaß machen. Allerdings reicht es nicht, wenn Sie es nur durchlesen: Sie müssen herausfinden, was für ein Mensch Sie sind, und dann ein paar Hebel in Bewegung setzen, um Ihr Team ausgewogen führen zu können. Ich will damit nicht andeuten, daß Sie vielleicht nicht ausgewogen oder ausgeglichen wären. Es soll nur heißen, daß Sie nicht perfekt sind! Es gibt jede Menge Persönlichkeitstests. Für Führungskräfte sind vor allem drei von Bedeutung:

- der Qualifikationstest;
- der Intro-/Extrovertiertheitstest;
- der (1-2-3-)Test nach Hal Leavitt.

Der dritte Test ist der unterhaltsamste und wird Ihnen am ehesten neue Erkenntnisse bringen. Trotzdem sind die ersten beiden Tests fast wichtiger, und Sie sollten sie unbedingt zuerst machen.

DER QUALIFIKATIONSTEST

Dieser Test ist sehr einfach und geht schnell. Weiter unten finden Sie eine Tabelle mit drei Spalten für Einträge. Links davon sind eine Reihe von Qualifikationen und Fähigkeiten aufgelistet, die in den meisten Fällen für Führungskräfte wichtig sind. Die letzten drei Zeilen sind leer. Dort können Sie die Qualifikationen ergänzen, die für Sie noch von Bedeutung sind, aber in der Liste fehlen. Tragen Sie in der ersten Spalte ein, für wie notwendig Sie die jeweilige Qualifikation oder Fähigkeit für Ihren Job halten, indem Sie sie mit einer Zahl zwischen 1 und 10 bewerten. Dabei steht 1 für überhaupt nicht notwendig und 10 für unbedingt notwendig. Dann (und erst dann) gehen Sie zur zweiten Spalte. Bewerten Sie ehrlich, inwieweit Sie zum gegenwärtigen Zeitpunkt über die jeweilige Qualifikation verfügen. Entscheiden Sie sich wieder für eine Zahl zwischen 1 und 10, wobei 1 heißt, Sie verfügen überhaupt nicht über diese Qualifikation, und 10, daß Sie diesbezüglich Experte sind. Als letzten Schritt ziehen Sie dann die Zahl in der zweiten Spalte von der Zahl in der ersten Spalte ab. Das Ergebnis tragen Sie in die dritte Spalte ein, die Auskunft über Qualifikationslücken gibt. Eine positive Zahl in der dritten Spalte bedeutet, daß Sie in bezug auf die betreffende Qualifikation oder Fähigkeit Lücken haben. Null oder eine negative Zahl heißt, daß Sie keine Lücken haben, die es zu schließen gäbe (wobei eine negative Zahl besagt, daß Sie in mehr als ausreichendem Maße über eine Qualifikation verfügen, was aber kein Problem sein dürfte!).

Kreisen Sie nun alle Qualifikationen ein, auf die die beiden folgenden Bedingungen zutreffen: in der ersten Spalte steht zumindest die Zahl 5 oder eine höhere Zahl und in der letzten Spalte zumindest die Zahl 2 oder eine höhere Zahl; das heißt, daß die betreffende Qualifikation für Ihren Job wichtig ist, Sie sie aber nicht in ausreichendem Maße mitbringen. Je höher die Zahlen sind, die Sie bei diesen markierten Qualifikationen entweder in der ersten oder in der dritten Spalte vorfinden, desto ernster ist die Lage.

Es besteht aber kein Grund zur Panik, wenn Sie feststellen, daß Sie hinsichtlich einer oder selbst mehrerer Qualifikationen oder Fähigkeiten Lücken haben. Viele sehr erfolgreiche Führungskräfte sind mit großen Lücken fertig geworden. Sie dürfen nur nicht vorgeben, über Fähigkeiten zu verfügen, die Sie nicht haben (irgendwann wird sowieso jemand dahinterkommen). Stehen Sie vielmehr ehrlich zu Ihren Lücken, und verlassen Sie sich auf einen Mitarbeiter Ihres Teams, der das, was Ihnen fehlt, in hohem Maße mitbringt.

Natürlich müssen Sie ganz sicher sein, daß der Betreffende tatsächlich über diese Qualifikation verfügt, und Sie müssen dafür sorgen, daß er sie richtig einsetzt. Sie dürfen dabei die Gesamtstrategie nicht aus den Augen verlieren und müssen Ihrem Experten die richtigen Fragen stellen, anstatt blind seinem Rat zu folgen. Wenn Sie sozusagen als „normaler Mensch" die richtigen Fragen stellen und von Ihrem Hausverstand Gebrauch machen, ansonsten aber den Experten in Ruhe seine Arbeit tun lassen, werden Sie mehr erreichen, als wenn Sie es alleine versuchen. Außerdem wird sich ein positives Verhältnis zwischen Ihnen und dem betreffenden Mitarbeiter entwickeln, und dieser wird seinen Job befriedigender finden.

Qualifikation/Fähigkeit	**1. Für den Job notwendig**	**2. Ich verfüge darüber**	**3. Lücken**
Finanzielles, Buchhaltung			
Rechnen			
Technisches			
Berichtschreiben			
Zwischenmenschliches			
Analytisches Denken			
Branchenkenntnis			
Umgang mit Behörden			
Umgang mit Gewerkschaften			
Verhandeln			
PR			
Umgang mit Kunden			
Öffentliches Reden			
Umgang mit Banken und/ oder kommunalen Stellen			
Computer/Systeme			
Kreativität/Phantasie			
Genauigkeit			
Vorsicht/Zurückhaltung			

Sie stehen allerdings vor einem Problem, wenn Ihre Lücke(n) nicht von einem Ihrer Mitarbeiter kompensiert wird (werden). In dem Fall haben Sie zwei Möglichkeiten: Entweder Sie holen jemand entsprechend Qualifizierten in Ihr engstes Team. Das kann auch jemand sein, der in der Unternehmenshierarchie weiter unten steht, aber die Lücke füllen kann. Oder Sie heuern umgehend jemanden aus einer anderen Abteilung oder von außerhalb des Unternehmens an. Schieben Sie das nicht auf die lange Bank; nehmen Sie das noch heute in Angriff. Nur allzu oft machen sich frischgebackene Chefs diesbezüglich etwas vor. Sie tun so, als gäbe es keine solchen Lücken oder als wären sie zumindest bedeutungslos. Oder sie glauben, sie brauchten sich erst später darum zu kümmern. Es finden sich immer Gründe, es hinauszuschieben: Man bekommt vielleicht nur schwer einen zusätzlichen Posten bewilligt, jemand von außen bringt vielleicht die Hackordnung im Team durcheinander und vieles mehr. Wie zwingend Ihnen die Gründe auch erscheinen mögen, die Sache ist tückisch. Wird eine große Lücke nicht ausgefüllt, besteht die Gefahr, daß das ganze Team in die falsche Richtung gelenkt wird und Ihre persönliche Glaubwürdigkeit im Unternehmen ernsthaft leidet. Dieses Risiko sollten Sie auf keinen Fall eingehen.

Schrecken Sie nicht vor Personalrochaden zurück, wenn das Ihrem persönlichen Qualifikationsprofil entgegenkommt und Kompetenzlücken schließt. Das gilt unabhängig davon, ob Sie dafür noch jemanden ins Team holen müssen oder nicht. Nehmen wir als Beispiel den Generaldirektor eines Unternehmens, der über sehr viel Charisma und einen sechsten Sinn für Geschäftsabschlüsse verfügt, aber nichts für Details und Verwaltungsdinge übrig hat. Momentan sind ihm eine Reihe von Abteilungsleitern (Finanzierung, Produktion, Forschung, Marketing usw.) direkt unterstellt. Wenn er klug ist, wird er auf der Ebene dazwischen einen neuen Posten für einen Verwaltungschef schaffen, ohne deshalb seinen persönlichen Kontakt mit den einzelnen Abteilungsleitern aufzugeben. (Es erstaunt mich immer wieder, wie selten von dieser einfachen und effektiven Lösung Gebrauch gemacht wird. Für die meisten, vor allem für Neue, scheint die Organisationsstruktur eines Unternehmens heilig und unantastbar zu sein. Dabei ist gerade der Neueintritt der beste Zeitpunkt, etwas an der Struktur zu verändern, bevor sich alle an ein ineffizientes Muster gewöhnt haben.)

Sehen Sie sich noch einmal an, wo Ihre Stärken liegen (Kompetenzbereiche mit den höchsten Zahlen in der zweiten Spalte). Wenn diese Qualifikationen gegenwärtig in Ihrem Job nicht sehr wichtig sind (d. h. in der ersten Spalte steht eine niedrigere Zahl und in der dritten eine entsprechend negative Zahl), überlegen Sie, ob Sie im Laufe der Zeit Ihren Aufgabenbereich nicht so verlagern können, daß Ihre Stärken mehr zum Tragen kommen.

In vielen Fällen wird das nicht möglich bzw. sogar gefährlich sein. Wenn Sie zum Beispiel Pilot bei der Lufthansa sind und besonders gut Maschinen auf dem Kopf fliegen können, wäre es unsinnig, die Passagiere einem unnötigen Risiko auszusetzen, nur weil Sie selbst sehr risikofreudig sind und Ihnen noch nie etwas passiert ist. Sehr oft lassen sich Aufgabenbereiche aber gewinnbringend verschieben. Nehmen wir an, Sie sind der neue Marketingchef, haben aber auch Erfahrung als Leiter der Produktionsabteilung. Sie möchten Ihre Erfahrungen in der Produktion nützen und Ihre Verkaufs- und Marketingaktivitäten verstärkt auf die Kundengruppen konzentrieren, für die das Unternehmen leichter und billiger produzieren kann. Wahrscheinlich wird sich wie von selbst eine enge und fruchtbare Zusammenarbeit zwischen der Marketing- und der Produktionsabteilung entwickeln, die es nicht gegeben hat, bevor Sie Marketingchef wurden.

An dieser Stelle ist eine kurze Nachdenkpause angebracht. Machen Sie sich ein paar Gedanken, was Sie hinsichtlich Ihrer Qualifikationen und Kompetenzen gelernt haben und ob eventuell Handlungsbedarf gegeben ist. Noch besser ist es natürlich, Sie leiten bereits erste Maßnahmen ein. Gehen wir nach dieser Unterbrechung dann zu den anderen beiden Persönlichkeitstests über.

DER INTRO-/EXTROVERTIERTHEITSTEST

Erstaunlich viele Menschen halten sich für extrovertiert, obwohl sie es gar nicht sind. Egal, wofür Sie sich selbst halten, gehen Sie die folgenden Fragen rasch durch und kreuzen Sie jeweils (a) oder (b) an. Wenn Ihnen keine der beiden Antworten hundertprozentig zusagt, entscheiden Sie sich für die, mit der Sie sich noch am ehesten anfreunden können (lassen Sie keine Frage unbeantwortet).

Ankreuzen

1. Ist es Ihnen lieber,

(a) die Leute wissen, wer Sie sind, wenn Sie irgendwo in der Öffentlichkeit auftauchen; oder ☐

(b) bleiben Sie lieber anonym? ☐

2. Gehen Sie manchmal gern allein spazieren?

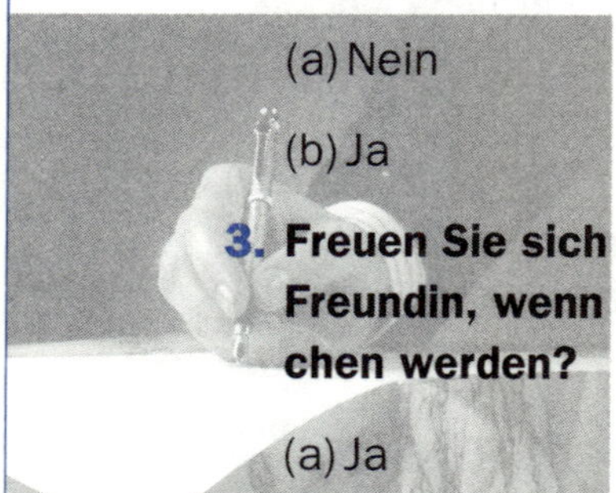

(a) Nein ☐

(b) Ja ☐

3. Freuen Sie sich über den Anruf eines Freundes/einer Freundin, wenn Sie dadurch beim Schreiben unterbrochen werden?

(a) Ja ☐

(b) Nein ☐

4. Fühlen Sie sich einsam, wenn Sie den ganzen Tag niemanden sehen?

(a) Nein ☐

(b) Ja ☐

5. Haben Sie den Abend lieber als den Morgen?

(a) Ja ☐

(b) Nein ☐

6. Sind Sie der Mittelpunkt jeder Gesellschaft?

(a) Normalerweise nicht ☐

(b) Fast immer ☐

7. Überlegen Sie sich normalerweise genau, was Sie sagen wollen, bevor Sie das Wort ergreifen?

(a) Nein ☐

(b) Ja ☐

Ankreuzen

8. Lernen Sie auf Partys gern neue Leute kennen, oder ist es Ihnen lieber, wenn Sie dort nur alte Bekannte und Freunde treffen, von denen Sie wissen, daß Sie sich gut mit ihnen unterhalten werden?

(a) Neue Leute ☐

(b) Alte Bekannte und Freunde ☐

9. Laden Sie zumindest einmal alle zwei Wochen Freunde zum Essen zu sich ein?

(a) Ja ☐

(b) Nein ☐

10. Ist Ihnen das Land lieber oder die Stadt?

(a) Land ☐

(b) Stadt ☐

11. Gibt es mehr als zehn Menschen, die Sie als enge Freunde bezeichnen würden?

(a) Ja ☐

(b) Nein ☐

12. Singen oder pfeifen Sie manchmal auf der Straße?

(a) Nein ☐

(b) Ja ☐

13. Sind Sie eitel?

(a) Ja ☐

(b) Nein ☐

14. Würden Sie beim Pferderennen auf Favoriten oder auf Außenseiter setzen?

(a) Außenseiter ☐

(b) Favoriten ☐

	Ankreuzen
15. Fahren Sie gerne Cabrio?	
(a) Ja	☐
(b) Nein	☐
16. Sind Sie normalerweise immer in Eile?	
(a) Ja	☐
(b) Nein	☐
17. Kommen Sie zu Verabredungen normalerweise pünktlich?	
(a) Manchmal zu spät	☐
(b) Meistens pünktlich	☐
18. Sind Sie sowohl am Arbeitsplatz als auch zu Hause normalerweise ein ordentlicher Mensch?	
(a) Ja	☐
(b) Nein	☐
19. Wenn Sie einen Zug oder ein Flugzeug erwischen müssen, kalkulieren Sie normalerweise ausreichend Zeit ein, falls Sie durch irgend etwas aufgehalten werden?	
(a) Nein	☐
(b) Ja	☐
20. Tragen Sie oft bunte Kleidung?	
(a) Nicht oft	☐
(b) Ja	☐
21. Wachen Sie morgens normalerweise ohne Wecker auf?	
(a) Nein	☐
(b) Ja	☐

22. Fahren Sie normalerweise schneller als die meisten anderen Autofahrer? Ankreuzen

(a) Nein ☐

(b) Ja ☐

23. Lesen Sie gerne im Bett (oder hören Musik)?

(a) Selten ☐

(b) Ja, sehr oft ☐

24. Denken Sie an Ihren Partner/Ihre Partnerin. Geht er/sie mehr auf andere Menschen zu als Sie?

(a) Ja ☐

(b) Nein ☐

25. Sind Sie ein eher reflektierender Mensch, oder ziehen Sie Taten vor?

(a) Taten ☐

(b) Reflektierend ☐

26. Wenn Sie in einem fremden Land sind, dessen Sprache Sie nur schlecht beherrschen, zögern Sie, bevor Sie jemanden nach dem Weg fragen?

(a) Ja ☐

(b) Nein ☐

27. Fluchen Sie manchmal?

(a) Ja ☐

(b) Fast nie ☐

28. Tanzen Sie gerne?

(a) Nicht sehr gerne ☐

(b) Ja ☐

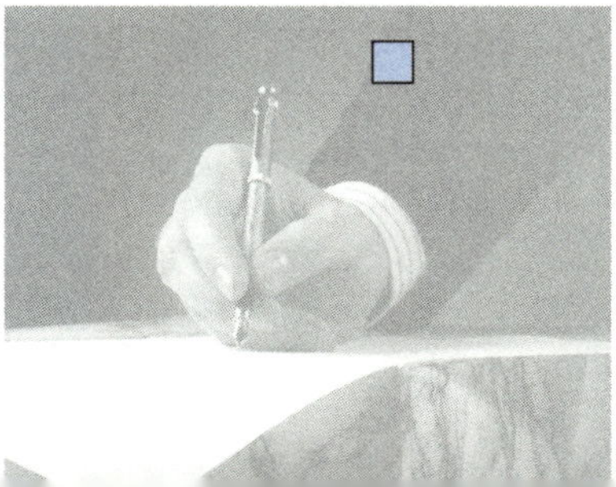

Ankreuzen

29. Melden Sie sich in einer Gruppe oft freiwillig für etwas?

(a) Ja ☐

(b) Nein ☐

30. Wenn Sie mit drei anderen Personen über ein Thema sprechen, bei dem Sie sich alle gut auskennen, sprechen Sie mehr als ein Viertel der Zeit?

(a) Nein ☐

(b) Ja ☐

31. Sprechen Sie oft mit Fremden, ohne daß dafür ein unmittelbarer Anlaß besteht?

(a) Ja ☐

(b) Nein ☐

32. Stecken Sie manchmal Ihre Nase in die Angelegenheiten anderer Leute?

(a) Ja, sehr oft ☐

(b) Fast nie ☐

33. Gehen Sie manchmal gerne allein essen?

(a) Ja ☐

(b) Nicht sehr ☐

Berechnung Ihrer Punktzahl

Berechnen Sie bei den Fragen 4, 6, 10, 12, 18, 20, 22, 24, 26, 28 und 30 jeweils 3 Minuspunkte für eine (a)-Antwort und 3 Pluspunkte für eine (b)-Antwort.
Bei allen anderen Fragen bekommen Sie 3 Pluspunkte für eine (a)-Antwort und 3 Minuspunkte für eine (b)-Antwort.
Theoretisch können Sie eine Punktzahl zwischen minus 99 und plus 99 erreichen. In der Praxis liegen die meisten Testpersonen zwischen

minus 39 und plus 39. Eine positive Zahl deutet auf Extrovertiertheit, eine negative Zahl auf Introvertiertheit hin.

Auswertung

plus 42 bis plus 99	Sie sind extrem extrovertiert. Lesen Sie sich genau durch, was auf Seite 82 über extrovertierte Menschen gesagt wird.
plus 18 bis plus 39	Sie sind „normal“ extrovertiert.
minus 15 bis plus 15	Ihre Extrovertiertheit und Ihre Introvertiertheit halten sich die Waage. Sie brauchen deshalb auch keine der „Korrekturmaßnahmen“ vorzunehmen, wie sie auf Seite 82 und 83 für eindeutig extrovertierte bzw. eindeutig introvertierte Menschen angeführt sind.
minus 18 bis minus 39	Sie sind „normal“ introvertiert. Sie haben zwar ein paar Eigenschaften extrovertierter Menschen, im großen und ganzen sind Sie aber eher introvertiert. Siehe die Kommentare weiter unten.
minus 42 bis minus 99	Sie sind ungewöhnlich introvertiert. Das ist aber kein Grund zur Beunruhigung. Viele große Führungspersönlichkeiten waren sehr introvertiert (zum Beispiel Clement Atlee und Sir Owen Green, die Gründungsväter des englischen Wohlfahrtsstaates bzw. von BRT, einem der erfolgreichsten britischen Unternehmen). Beherzigen Sie die folgenden Ratschläge, damit Ihre Introvertiertheit nicht zur Belastung wird.

Tips für extrovertierte Chefs

Sie werden ein paar Tips brauchen können, da Sie vielleicht ein wenig zu selbstsicher sind. Je höher Ihre positive Punktzahl war, desto mehr sollten Sie sich die folgenden Ratschläge zu Herzen nehmen.

- Fällen Sie wichtige Entscheidungen nicht aus dem Stegreif. Holen Sie zuerst den Rat kompetenter Kollegen ein, bevor Sie sich zu etwas verpflichten. Vertrauen Sie Ihrem eigenen Urteil nicht zu sehr.
- Achten Sie auf die Details. Das ist wahrscheinlich nicht gerade eine Ihrer Stärken. Bemühen Sie sich, mit Daten und Fakten nicht zu großzügig umzugehen und alle Detailfragen an Mitarbeiter zu delegieren. Seien Sie stolz darauf, in wichtigen Fragen die Fakten im Detail zu kennen.
- Ziehen Sie aus dem Schweigen oder langsamen Reagieren des anderen nicht den Schluß, daß der Betreffende sich nichts denkt oder nichts empfindet. Schließen Sie nicht von sich auf andere. Seien Sie den Denkprozessen anderer gegenüber sensibel, und halten Sie nach nonverbalen Zeichen Ausschau. Seien Sie vor allem im Umgang mit Kunden geduldiger und diplomatischer, als Sie es sonst vielleicht sind. Versuchen Sie, ein guter Zuhörer zu werden. Das ist viel schwieriger, als ein guter Redner zu sein.
- Gehen Sie kein unnötiges Risiko ein. Extrovertierte Menschen sind in der Regel sehr risikofreudig und deshalb oft sehr gute Unternehmer. Zügeln Sie aber Ihre angeborene Risikofreudigkeit, wenn Ihr Job das nicht ausdrücklich verlangt und vor allem, wenn eine Fehlentscheidung schwerwiegende Folgen haben kann. Leben Sie Ihre Neigung anderswo aus, nicht an Ihrem Arbeitsplatz.
- Versuchen Sie, Ihren Mitarbeitern gegenüber nicht zu dominant zu sein. Viele extrovertierte Chefs können nicht effizient delegieren. Sie behaupten zwar, daß sie gerne Dinge delegieren würden, und glauben vielleicht auch selbst daran. Unbewußt verhindern sie aber, daß andere den Ball auffangen und losrennen können. Wenn zum Beispiel einer Ihrer Mitarbeiter eine Entscheidung getroffen hat, Sie persönlich aber anders entschieden hätten, streichen Sie das nicht besonders hervor, auch nicht, wenn sich die Entscheidung in der Folge als falsch herausstellt. Widerstehen Sie der Versuchung, wenn jemand eine Entscheidung Ihnen überlassen möchte. Bringen Sie den Betreffenden dazu, die Entscheidung selbst zu fällen. Es kann auch einiges bringen, von Zeit zu Zeit einmal nicht ins Büro zu gehen und sich nur für die allernotwendigsten Dinge telefonisch im Büro zu melden. So zwingt man die Mitarbeiter, selbst Entscheidungen zu treffen. Hinterlassen Sie keine Telefonnummern, und rufen Sie auch nicht im Büro an, wenn Sie auf Urlaub sind.

Tips für introvertierte Chefs

- Wählen Sie einen extrovertierten „running mate“. Als „running mate“ bezeichnet man in den Vereinigten Staaten den Kandidaten für das Amt des Vizepräsidenten, der mit dem Präsidentschaftskandidaten gemeinsam zur Wahl antritt. Normalerweise stellt er in ideologischer und auch in geographischer Hinsicht ein Gegengewicht zum Hauptkandidaten dar, so daß die beiden zusammen für ein möglichst ausgewogenes Programm stehen.
  Dieses Konzept ist auch in unserem Zusammenhang brauchbar. Als Chef müssen Sie dafür sorgen, daß die Kommunikation funktioniert. Ihre Leute müssen stets genau darüber informiert sein, was Sie als Chef wollen. Und, was noch wichtiger ist, Sie müssen mit der Welt draußen kommunizieren. Nun ist Handeln die beste Kommunikationsform, und die beherrschen introvertierte Menschen genauso gut wie extrovertierte (und oft sogar noch besser). Darüber hinaus können Sie auch noch schriftlich kommunizieren. Trotzdem wollen die meisten Menschen, daß man persönlich mit ihnen spricht, anstatt nur schriftlich oder durch Handlungen in Kontakt zu treten, oder daß man beides tut, auch wenn es ineffizient ist. Das entspricht nun aber nicht Ihrem Naturell. Sie werden sich bis zu einem gewissen Grad zum Kommunizieren zwingen können, doch wird es niemals ein idealer Zustand für Sie sein.
  Deshalb müssen Sie einen „running mate“ finden, zu dem Sie ein gutes Verhältnis und engen Kontakt haben und der als Ihr Kommunikator für den Informationsfluß von Ihnen zu den anderen sorgt – und umgekehrt. Dieser „running mate“ kann natürlich Ihr Stellvertreter sein. Er muß aber gar nicht eine so hohe Position haben, solange er Ihr Vertrauen hat und vom restlichen Team respektiert wird. Oft wird Ihre persönliche Assistentin oder Ihre Sekretärin diese Funktion wunderbar erfüllen können. Hauptsache, Ihr „running mate“ verfügt über eine ausreichende Dosis Extrovertiertheit, um Ihre Introvertiertheit wettzumachen.

- Sondern Sie sich nicht vom Team ab. Introvertierte Menschen brauchen (ineffiziente) soziale Kontakte am Arbeitsplatz nicht so sehr wie extrovertierte Menschen. Man wird Sie nur selten am Kaffeeautomaten herumstehen sehen oder hören, daß Sie Mitarbeiter nach Feierabend noch auf ein Glas einladen. Sie legen wahrscheinlich viel Wert auf die Ruhe in Ihrem Büro, auf geschlossene Türen und darauf, daß Ihre Sekretärin keine Telefonanrufe zu Ihnen durchstellt. Passen Sie aber auf. Dieses Verhalten, so verständlich es auch ist, kann leicht als Desinteresse oder Gleichgültigkeit den Gefühlen Ihrer Mitarbeiter gegenüber interpretiert werden. Bemühen Sie sich deshalb, so erreichbar zu sein, wie Sie nur können. Sorgen Sie dafür, daß Ihre Sekretärin es den Leuten nicht schwermacht, zu Ihnen durchzudringen. Halten Sie regelmäßig und zu festgesetzten Zeiten Gesprächsrunden ab, in denen Sie um Rückmeldung und um Fragen bitten.

- Sehen Sie auch das Drumherum. Viele introvertierte Menschen sind sehr effektiv, wenn es ums Detail geht, nicht aber, wenn es um die „Vision" geht: also die allgemeine Richtung, die übergeordneten Zielsetzungen des Unternehmens oder der Abteilung. Vor allem, wenn Sie mit solch vagen Begriffen von Haus aus nicht viel anfangen können, sollten Sie sich besonders damit befassen. Sie sind nämlich wichtig. Überspringen Sie nicht die Abschnitte in diesem Buch, die sich mit der „Botschaft" und der „Vision" auseinandersetzen (z. B. die Seiten 45).
- Gehen Sie gelegentlich auch ein Risiko ein. Die meisten introvertierten Menschen sind risikoscheu. Deshalb machen sie auch nur selten schwere Fehler. Oft kann man allerdings sehr davon profitieren, wenn man ein Risiko eingeht, das kalkuliert ist. Seien Sie nicht immer extrem vorsichtig: Handeln Sie gelegentlich gegen Ihre Natur. Und wenn es doch danebengeht, schwören Sie sich deshalb nicht, nie wieder ein Risiko einzugehen!

DER (1-2-3-)TEST NACH HAL LEAVITT

Kommen wir nun zum dritten und in vielerlei Hinsicht interessantesten Test. Er stammt ursprünglich von einem bekannten amerikanischen Verhaltensforscher, Harold („Hal") Leavitt. Ich habe seine Lehren aber etwas abgeändert und entschuldige mich bei dieser Gelegenheit auch gleich bei ihm, sollte ich sie allzu sehr entstellt haben. Vorausschicken muß ich außerdem noch, daß die Einsichten, die man daraus gewinnen kann, von ihm und nicht von mir stammen. (Die folgenden Testfragen stammen allerdings ausschließlich von mir.)

Drei Arten von Menschen

Leavitt unterscheidet drei Typen von Führungspersönlichkeiten. Alle drei können extrem effektiv (oder auch extrem destruktiv) sein, und alle drei nehmen ihre Führungsfunktion auf ganz unterschiedliche Weise wahr.

- **Typ 1:** Der Visionär. So stellen sich wahrscheinlich die meisten eine Führungspersönlichkeit vor: mutig, charismatisch, originell, oft exzentrisch, brillant und kompromißlos. Jemand, für den die Gegenwart schon Vergangenheit ist, und der den Blick eröffnet auf das, was in der Zukunft Wirklichkeit sein könnte. In der Geschichte hat es viele Visionäre gegeben: Jesus, Gladstone, Garibaldi, Ghandi, Churchill, John F. Kennedy, Willy Brandt, Martin Luther King, Margaret Thatcher oder auch Ayatollah Khomeni. Sie alle hatten revolutionäre Ideen und Träume; sie alle hatten Anhänger, die sie inspirierten; und alle waren sie manchmal extrem wirklichkeitsfremd, wenn es darum ging, etwas umzusetzen. Was könnte abgehobener sein als Martin Luther Kings „Ich habe einen Traum"?

- **Typ 2:** Der Analytiker. Dabei handelt es sich um ebenso brillante Führungspersönlichkeiten, doch geht es ihnen mehr um Zahlen und Fakten als um Träume und Meinungen. Analytiker sind Rationalisten, die davon überzeugt sind: „Wenn sich etwas nicht in Zahlen ausdrücken läßt, ist es bedeutungslos". Für Analytiker gibt es meist nur Schwarz und Weiß, keine Grautöne: Es gibt immer eine richtige Antwort, wenn man nur alle Fakten zusammenträgt und analysiert. Analytiker regieren ihr oft großes Reich auf geregelte, vorhersehbare und nachvollziehbare Art und Weise mit Zahlen und Buchhaltungsbegriffen. Sie finden sich eher in der Geschäftswelt als in den Annalen der Geschichte: z. B. Clement Atlee und Sir Owen Green, von denen bereits die Rede war, oder auch Robert Macnamara, Friedrich Flick, Alfred Krupp oder Herbert Quandt. Aus der Politik könnte man William Pitt d.J. anführen, Sir Robert Peel, Harold Wilson, Jimmy Carter oder auch Helmut Schmidt.

- **Typ 3:** Der Macher. Macher sind Handlungsgenies: erfolgreiche Pragmatiker, die Dinge umsetzen oder wieder in Ordnung bringen. Diese Menschen, die sich im allgemeinen wenig Sorgen um Visionen oder Analysen machen, üben gern auf andere Druck aus, sammeln alle verfügbaren Kräfte um sich und sorgen dafür, daß Dinge erledigt werden. Beispiele aus der Geschichte wären etwa Noah, Attila, der Hunnenkönig,

Alexander der Große, Julius Cäsar, Ludwig XIV., Napoleon, Bismarck, Lloyd George, Lenin, Stalin, Eisenhower, James Callaghan, Lyndon Johnson oder Konrad Adenauer.

Die meisten Menschen sind keine „reinen" Typen, das heißt, daß sie nicht nur Eigenschaften des Typs 1, 2 oder 3 und keine anderen haben. Doch ist bei allen Führungspersönlichkeiten eine Richtung stark genug ausgeprägt, um sie relativ leicht einordnen zu können. Die meisten Menschen können sich in dieser Hinsicht auch einigermaßen gut selbst einschätzen. Sie wissen wahrscheinlich auch schon, in welche Kategorie Sie fallen. Sie können den folgenden Test überspringen, wenn Sie von den Tests schon genug haben und wissen, welcher Typ Sie sind. Lassen Sie sich Ihre Einschätzung aber auf jeden Fall von Freunden oder Kollegen bestätigen. Wer allerdings gerne Tests macht, wird mit Hilfe der folgenden Fragen zu einer brauchbaren Selbstdiagnose kommen.

	Ankreuzen
1. Ist Nachdenken für Sie wichtiger als Handeln?	
(a) Ja	☐
(b) Nein	☐
2. Sagen Sie gerne: „Liefern Sie mir Fakten, nicht Meinungen"?	
(a) Ja	☐
(b) Nein	☐
3. Glauben Sie, daß es auf die meisten Fragen eine richtige und eine falsche Antwort gibt?	
(a) Ja	☐
(b) Nein	☐
4. Glauben Sie an Gott?	
(a) Ja	☐
(b) Nein	☐

Ankreuzen

5. Glauben Sie an Schicksal?

(a) Ja

(b) Nein

6. Hat man Sie je als „Elefant im Porzellanladen“ oder etwas Ähnliches bezeichnet?

(a) Ja

(b) Nein

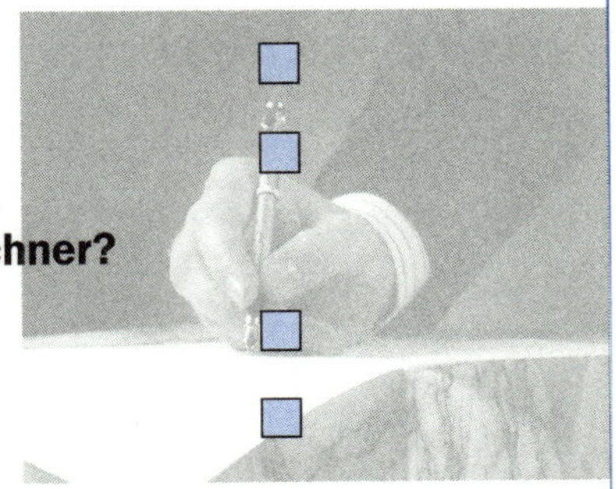

7. Verwenden Sie oft und gern einen Taschenrechner?

(a) Ja

(b) Nein

8. Mögen Sie Gedichte?

(a) Ja

(b) Nein

9. Mögen Sie Opern?

(a) Ja

(b) Nicht sehr

10. Sind Sie eher extrovertiert oder introvertiert?

(a) Extrovertiert

(b) Introvertiert

11. Denken Sie gerne über philosophische Fragen nach?

(a) Ja

(b) Nicht sehr

12. Halten die meisten Leute Sie für sehr kreativ?

(a) Ja

(b) Nein

Ankreuzen

13. Können Sie besonders gut dafür sorgen, daß Dinge erledigt werden?

(a) Ja ☐

(b) Nein ☐

14. Sind Sie aggressiv?

(a) Ja ☐

(b) Nein ☐

15. Vermeiden Sie Konfrontationen und Auseinandersetzungen?

(a) Ja ☐

(b) Nicht immer ☐

16. Können Sie sich vorstellen, Politiker zu sein?

(a) Manchmal ☐

(b) Nein ☐

17. Haben Sie es lieber mit Wörtern oder mit Zahlen zu tun?

(a) Wörter ☐

(b) Zahlen ☐

18. Können Sie sich vorstellen, Buchhalter zu sein?

(a) Ja ☐

(b) Nein

19. Hören Sie mehr auf Ihr Herz als auf Ihren Verstand?

(a) Ja ☐

(b) Nein ☐

20. Wem gleichen Sie am ehesten?

(a) Kennedy ☐

(b) einem Roboter ☐

(c) Attila, dem Hunnenkönig ☐

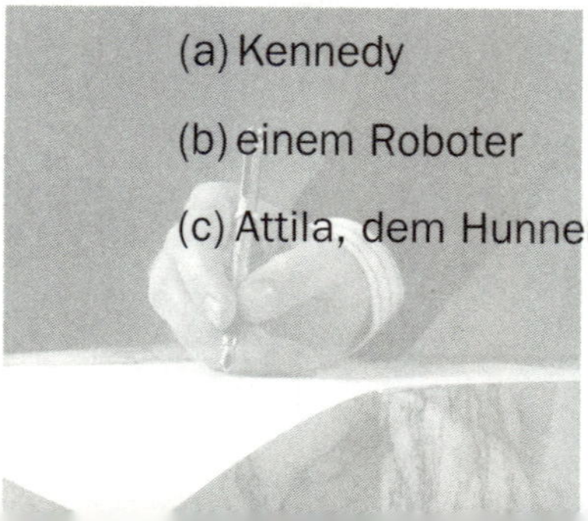

Berechnung Ihrer Punktzahl

Bei diesem Test wird die Punktzahl etwas anders berechnet als sonst. Sie bekommen nicht unbedingt bei jeder Frage Punkte, und es gibt verschiedene Arten von Punkten, die gesondert zusammengezählt werden müssen: schwarze Punkte, blaue Punkte und rote Punkte. Gehen Sie Ihre Antworten durch, und notieren Sie jeweils die Punkte, die Sie bekommen.

Berechnen Sie zuerst Ihre schwarzen Punkte:

Sie bekommen 10 schwarze Punkte für jede der folgenden Antworten: wenn Sie (a) bei Frage 4 angekreuzt haben; (a) bei Frage 5; (a) bei Frage 8; (a) bei Frage 9; (a) bei Frage 11.
20 schwarze Punkte gibt es für (a) bei Frage 12.
30 schwarze Punkte gibt es für (a) bei Frage 20.
Zählen Sie jetzt alle schwarzen Punkte zusammen: Sie werden auf eine Gesamtzahl zwischen 0 (wenn Sie diese Fragen anders beantwortet haben) und 100 kommen.

Berechnen Sie als nächstes Ihre blauen Punkte:

Sie bekommen 10 blaue Punkte für jede der folgenden Antworten: wenn Sie (a) bei Frage 2 angekreuzt haben; (a) bei Frage 3; (a) bei Frage 7; (b) bei Frage 10; (b) bei Frage 17; (a) bei Frage 18; und (b) bei Frage 19.
30 blaue Punkte gibt es für (b) bei Frage 20.
Zählen Sie jetzt alle blauen Punkte zusammen: Sie werden wieder auf eine Zahl zwischen 0 und 100 kommen.

Und nun berechnen Sie noch Ihre roten Punkte:

Sie können 10 rote Punkte für jede der folgenden Antworten notieren: (b) bei Frage 1; (a) bei Frage 6; (a) bei Frage 14; (b) bei Frage 15; (a) bei Frage 16.
20 rote Punkte gibt es für (a) bei Frage 13.
30 rote Punkte gibt es für (c) bei Frage 20.
Zählen Sie jetzt alle roten Punkte zusammen: Wieder werden Sie auf eine Gesamtzahl zwischen 0 und 100 kommen.

Ihr 1-2-3-Profil und was es bedeutet

Ihr 1-2-3-Profil können Sie nun folgendermaßen erstellen: Die schwarzen Punkte stehen für Ihre Typ-1-Wertung, die blauen für Ihre Typ-2-Wertung und die roten Punkte für Ihre Typ-3-Wertung. Schreiben Sie Ihre jeweiligen Punktzahlen in dieser Reihenfolge auf.
Die höchste Punktzahl steht für Ihre am stärksten ausgeprägten Persönlichkeitsmerkmale, die zweithöchste Punktzahl für die am zweitstärksten ausgeprägten Merkmale. Zum Beispiel würde eine Wertung von 20-60-0 auf jemanden schließen lassen, bei dem die Persönlichkeitsmerkmale des Typs 2 am stärksten ausgeprägt sind, der aber doch auch ein paar Merkmale des Typs 1 aufweist. So jemand wäre in einer Funktion sehr produktiv, die in erster Linie analytische Fähigkeiten, aber auch ein wenig Kreativität verlangt, wo es aber nicht darauf ankommt, Vorhaben durchzuziehen.
Ein Ergebnis von 20-10-70 würde auf jemanden schließen lassen, der die Dinge anpackt und durchzieht, über einen gesunden Menschenverstand verfügt wie auch über eine gewisse Neigung zur „Vision", aber wenig für Theorie und Zahlen übrig hat.
Mit 50-30-0 würde jemand abschneiden, dem die Vision viel bedeutet, der kreativ in die Zukunft zu investieren weiß und auch über einige analytische Begabung verfügt, beim Managen von Mitarbeitern dagegen auf verlorenem Posten steht.
90-10-50 würde jemand haben, dessen größte Stärke die kreative Vision ist, der sich kaum für Analysen, wohl aber für die praktische Umsetzung interessiert.
Die absoluten Punktzahlen sind dabei gar nicht so aussagekräftig: Was zählt, ist das Verhältnis der 1-2-3-Wertungen zueinander. Es werden damit auch nur die Neigungen und Interessen der Testperson gemessen, nicht ihre Fähigkeiten. Im Normalfall wird es zwar einen Zusammenhang zwischen Neigungen und Fähigkeiten geben: aus dem einfachen Grund, weil einem die Dinge leichter fallen und besser gelingen, für die man sich interessiert. Der Test sagt jedoch nichts über die tatsächlichen Fähigkeiten einer Person im Vergleich zu denen einer anderen Testperson aus.

Umsetzung Ihrer 1-2-3-Wertung

Sie kennen nun Ihr 1-2-3-Profil. Sie sollten folgende Konsequenzen ziehen:

- Verlagern Sie Ihre Aufgabenbereiche, um Ihre Stärken besser einsetzen zu können. Wenn Sie zum Beispiel ein Typ 1 sind, regen Sie an, daß eine längerfristige Strategieplanung zur Intensivierung der ideellen Zielsetzungen in Angriff genommen wird, und beteiligen Sie sich aktiv daran. Als Typ 2 richten Sie es so ein, daß Ihre Abteilung für sämtliche Analysen zuständig wird, die das Gesamtunternehmen für Problemlösungen braucht. Wenn Sie ein Typ 3 sind, verlagern Sie die Aufgaben Ihrer Abteilung mehr in Richtung praktische Umsetzung.
- Wählen Sie zwei Kollegen aus, auf die Sie sich verlassen können und die die anderen beiden Persönlichkeitstypen verkörpern, so daß Sie gemeinsam ein ausgewogenes 1-2-3-Team bilden. Das können zwei Mitarbeiter sein, die Ihnen direkt unterstellt sind, zwei gleichrangige Kollegen aus anderen Abteilungen, zwei Ihrer Vorgesetzten oder andere Kollegen, die in der Hierarchie weiter oben stehen. Eingespielte 1-2-3-Teams sind kaum zu schlagen. Versuchen Sie also, wenn irgend möglich, ein solches Team, oder auch mehrere, zusammenzustellen.

Jetzt müßten Sie soweit sein, daß Sie die folgende 30-Tage-Checkliste in Angriff nehmen können.

DIE 30-TAGE-CHECKLISTE

1. Haben Sie herausgefunden, bei welchen Fähigkeiten Sie passen müssen? Ankreuzen

A Ja ☐

B Noch nicht ☐

C Ich habe den Test gemacht, habe aber keine Lücken. ☐

2. Haben Sie schon damit begonnen, innerhalb des Unternehmens oder auch außerhalb Leute für Ihr Team zu rekrutieren, die Ihre Lücken kompensieren könnten?

A Ja ☐

B Noch nicht ☐

C Nicht notwendig, weil ich bereits Mitarbeiter habe, die das können. ☐

3. Haben Sie den Intro-/Extrovertiertheitstest gemacht und Ihre Punkte berechnet?

A Ja ☐

B Nein ☐

4. Wenn Sie ein extrovertierter Mensch sind: Haben Sie sich schon überlegt, wie Sie es vermeiden können, eine zu dominante Rolle im Team zu spielen, und haben Sie schon damit begonnen, diese Ideen in die Tat umzusetzen?

A Ja ☐

B Nicht notwendig: ich bin nicht extrovertiert. ☐

C Nein ☐

5. Wenn Sie ein introvertierter Mensch sind: Haben Sie schon einen extrovertierten „running mate“ gefunden und damit begonnen, ihn effektiv einzusetzen? Ankreuzen

A Ja ☐

B Nicht notwendig: ich bin nicht introvertiert. ☐

C Nein ☐

6. Haben Sie Ihre Punktzahl im 1-2-3-Test ausgerechnet?

A Ja ☐

B Nein ☐

7. Haben Sie versucht, wichtige Kollegen nach dem 1-2-3-Test einzustufen?

A Ja ☐

B Nein ☐

8. Haben Sie überlegt, wie Sie Ihre Aufgaben mehr dorthin verlagern können, wo Ihre Stärken liegen?

A Ja ☐

B Ich überlege noch. ☐

C Nein ☐

9. Haben Sie ein mögliches 1-2-3 Team im Auge, bei dem Sie die Persönlichkeitsmerkmale des einen Typs einbringen und von den anderen beiden Teammitgliedern profitieren könnten, die jeweils die beiden anderen Typen verkörpern?

A Ja ☐

B Ich überlege noch. ☐

C Nein ☐

Berechnung Ihrer Punktzahl

Frage 1
A: 10 Punkte
B oder C: 0

Frage 2
A: 10
B: 0
C: 10

Frage 3
A: 10
B: 0

Frage 4 und 5
A oder B: jeweils 10
C: jeweils 0

Frage 6 und 7
A: jeweils 10
B: jeweils 9

Frage 8 und 9
A: jeweils 15
B: jeweils 5
C: jeweils 0

Auswertung

80–100 Wieder eine gute Leistung! Da Sie sich jetzt „erkannt" haben, überlegen Sie, was das für Ihr Leben bedeutet: Es wird immer wieder Gelegenheiten geben, bei denen Sie dieses Wissen gewinnbringend einsetzen können. Versuchen Sie vor allem, sich an möglichst vielen 1-2-3-Teams zu beteiligen!

60–80 Legen Sie dort zu, wo Sie Punkte „verloren" haben, und versuchen Sie, die Lücken zu schließen. Die Mühe lohnt sich.

0–55 Entweder haben Ihnen die Tests nicht zugesagt, oder Sie hatten es zu eilig. Lesen Sie dieses Kapitel noch einmal, wenn Sie in der richtigen Stimmung sind. Machen Sie mit dem nächsten erst weiter, wenn Sie mindestens 80 Punkte erreicht haben.

KAPITEL 6

Das Team aufbauen

Sie wissen sicher noch, daß Sie in Ihren ersten zehn Tagen vor allem Ihre Mitarbeiter kennenlernen sollten. Bei der Gelegenheit haben Sie sie auch nach ihrer Einstellung und ihrer Kompetenz (Seite 42) eingestuft, wobei Sie sofort etwas gegen Mitarbeiter der dritten Kategorie unternommen haben sollten. Das sind Mitarbeiter, die sehr kompetent waren, aber eine negative Einstellung hatten. Was immer Sie damals unternommen haben, Sie sollten jetzt Ihr Team noch einmal bewerten, um sicherzugehen, daß Sie sich nicht vor Personalentscheidungen gedrückt haben. In der Zwischenzeit wird sich Ihr erster Eindruck bestätigt haben, oder Sie haben ihn modifiziert. Außerdem sollten Sie nun auch schon genauer wissen, was Sie selbst für eine Art Chef sind und wo Sie zur Ergänzung Ihrer Fähigkeiten und zur Abrundung Ihres Führungsstils die Unterstützung Ihres Teams brauchen. Jetzt ist der Zeitpunkt, um alles zu einem Bild zusammenzufügen und die notwendigen Schritte einzuleiten. Das ist Ihre wichtigste Aufgabe für die nächsten zwei Wochen.

WER PASST IN IHR TEAM?

Machen Sie eine Liste von allen Mitarbeitern, die Ihnen direkt unterstellt sind, also Ihrem engsten Team angehören. Listen Sie dann auch alle Mitarbeiter Ihrer Abteilung auf, die in der Hierarchie weiter unten stehen, die aber Ihrer Meinung nach das Zeug dazu haben, jetzt sofort oder im Verlauf der nächsten zwei Jahre Ihr Kernteam zu ergänzen. Fügen Sie dann schließlich noch Mitarbeiter von außerhalb Ihrer Abteilung hinzu, die Sie eventuell auch gerne in Ihrem Team hätten.

Nehmen Sie dann für jeden Mitarbeiter ein eigenes Blatt Papier zur Hand. Überlegen Sie einen Augenblick, und notieren Sie dann für jeden die folgenden Daten:

1. seine Einstufung nach dem Einstellungs- und Kompetenzschema (siehe Seite 97);
2. seine fünf wichtigsten Fähigkeiten oder Qualifikationen;
3. Ihre Einschätzung, inwieweit er ein introvertierter oder extrovertierter Mensch ist (siehe die Seiten 99 und 100);
4. Ihre Einschätzung seines 1-2-3-Profils (siehe Seite 100);
5. die drei wichtigsten Dinge, die er tun muß, um seine Leistung und sein Potential zu steigern;
6. eine Definition seiner Rolle im Team;
7. die drei wichtigsten Punkte, in denen er Ihnen persönlich bei der Erfüllung Ihrer Aufgaben helfen kann.

In den folgenden Abschnitten erhalten Sie ein paar Tips, wie Sie am besten zu diesen Daten kommen.

1. Das Einstellungs- und Kompetenzschema

Möglicherweise hat sich Ihre Einschätzung des einen oder anderen Mitarbeiters geändert, oder Sie haben erreicht, daß jemand inzwischen anders einzuordnen ist. Sie haben weiter unten noch einmal das Schema vor sich. Markieren Sie die Position jedes Mitarbeiters, indem Sie die Zahl in dem jeweiligen Feld einkreisen. (Schauen Sie möglichst nicht nach, wie Sie die Mitarbeiter ursprünglich eingestuft haben. Der Vergleich, inwieweit sich Ihre Einschätzung oder jemandes Position verändert hat, wird aber sicherlich interessant für Sie sein.)

Inzwischen sollten Ihre Maßnahmen zur Ausscheidung von Mitarbeitern der dritten Kategorie schon einigermaßen weit gediehen sein. Wenn es immer noch solche Personen im Team gibt, müssen Sie (was natürlich vorzuziehen wäre) entweder ganz sicher sein, daß sich die Einstellung der Betreffenden ändern wird (daß sie also dann in die erste Kategorie fallen), oder Sie müssen diejenigen nun endgültig aus Ihrem Team entlassen. Wir erwähnen das nun zum letzten Mal, und es ist Ihre letzte Chance, sich solcher Mitarbeiter zu entledigen, bevor sie Ihnen schwerwiegend schaden. Wenn Sie das nicht zustande bringen, müssen Sie sich eingestehen, daß Sie für Führungsaufgaben eigentlich zu schwach sind. Der Erfolg wird Ihnen dann wahrscheinlich versagt bleiben. Handeln Sie jetzt, oder Sie werden für alle Zukunft unter den Folgen zu leiden haben.

Korrigiertes Einstellungs- und Kompetenzschema

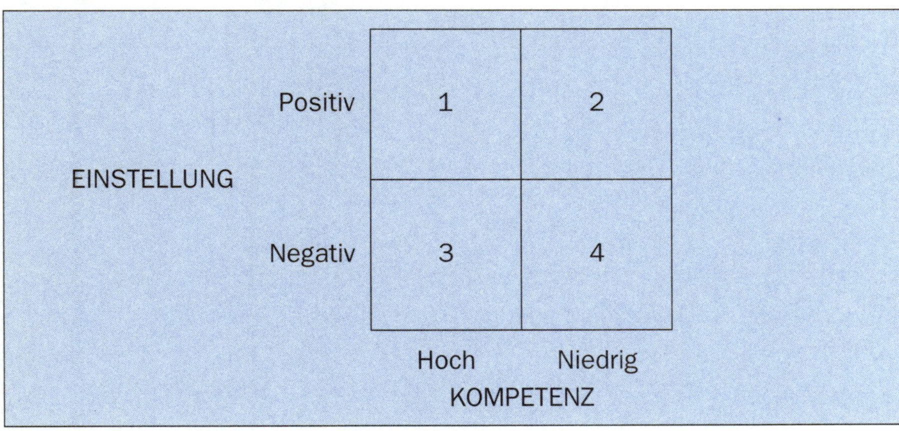

Es wird nun vielleicht noch Mitarbeiter geben, die in die vierte Kategorie fallen und entweder Hilfe brauchen oder versetzt werden müssen. Idealerweise bewegen sich solche Personen mit Ihrer Hilfe nach oben in Feld 2, um von dort dann endgültig in Feld 1 zu wechseln. Der andere Weg dorthin, nämlich über Feld 3, ist möglichst zu vermeiden (weil das dritte Feld so etwas wie eine Falltür ist, durch die man aus dem Schema und damit aus dem Team fallen kann!). Nehmen Sie sich zuerst der Einstellung dieser Person an, dann erst des Kompetenzproblems. Wenn sich die Einstellung nicht sehr schnell zum Positiven wendet, müssen Sie entschlossen durchgreifen und sie aus dem Team entfernen. Dies mag unangenehm sein; jede Nachlässigkeit in diesem Punkt wird sich jedoch schon bald rächen.

Ihre Hilfe brauchen und verdienen auch Mitarbeiter, die in die zweite Kategorie fallen. Überlegen Sie, wie diese in die erste Kategorie aufsteigen könnten. Entwerfen Sie für jeden dieser Mitarbeiter nach dem unten angeführten Muster ein Kompetenzverbesserungsprogramm (KVP), und bestimmen Sie für jeden Bereich einen geeigneten Tutor.

Kompetenzverbesserungsprogramm für (Name des Mitarbeiters)			
Kompetenz-bereich	Notwendige Verbesserung	Tutor	Zeitliches Ziel

Das Programm sollte unbedingt noch in diesen zwei Wochen anlaufen. Instruieren Sie die betreffenden Mitarbeiter und Tutoren. Verlangen Sie von beiden monatliche Berichte (oder auch öfter) und setzen Sie einen Zeitpunkt fest, bis zu dem das Programm abgeschlossen sein soll. Normalerweise sollte man nicht mehr als ein halbes Jahr veranschlagen. Haben die betreffenden Mitarbeiter in dieser Zeit das Programm nicht erfolgreich absolviert und sind sie nicht in die erste Kategorie vorgerückt, bleibt Ihnen nichts anderes übrig, als sie aus dem Team zu entfernen. Seien Sie aber aufmerksam, und äußern Sie Ihre Anerkennung, wenn jemand Fortschritte macht.

2. Finden Sie die fünf wichtigsten Fähigkeiten jedes Mitarbeiters

Jeder hat seine Stärken. Notieren Sie für jeden Mitarbeiter, den Sie bewerten wollen, der Reihe nach dessen fünf herausragendsten Fähigkeiten. (Das sind die, die für die Funktion des gesamten Teams relevant sind und nicht nur für den Aufgabenbereich, den der Betreffende im Augenblick wahrnimmt.) Auf Seite 44 finden Sie eine Muster-Checkliste mit einigen wichtigen Fähigkeiten, die Sie noch ergänzen können. Sie können aber auch Ihre eigene Checkliste entwerfen.

Überlegen Sie dann, inwieweit jemand seine Stärken in seinem gegenwärtigen Aufgabenbereich nützen kann. Kann man jemandes Stellenbeschreibung modifizieren, um besser von seinen Stärken zu profitieren? Ist das nicht möglich und klaffen das Potential eines Mitarbeiters und sein Aufgabenbereich weiterhin stark auseinander, sollte man überlegen, ob es für den Betreffenden nicht eine geeignetere Position in der Abteilung gibt. Man könnte zum Beispiel zwei Mitarbeiter ihre Jobs tauschen lassen oder mehrere Jobs neu definieren. Im Moment werden Sie vielleicht noch keine definitive Entscheidung treffen können, weil Sie sich ja nur jeweils eine Person ansehen. Kommen Sie deshalb nochmals auf diesen Punkt zurück, wenn Sie die sieben Punkte für alle Mitarbeiter durchgegangen sind. Wenn Sie die Profile aller Mitarbeiter vor sich haben, werden Sie sehen, ob die Aufgabenbereiche des Teams neu definiert werden müssen.

3. Die Einstufung nach Intro- und Extrovertiertheit

Stufen Sie jeden Mitarbeiter nach seiner Intro- oder Extrovertiertheit ein. Seien Sie sich dabei aber dessen bewußt, daß Ihre Einschätzung bis zu einem gewissen Grad subjektiv ist. Am besten bestimmen Sie die Position der Mitarbeiter auf der oben beschriebenen Skala (Seite 76), auf der Sie sich auch schon selbst eingestuft haben.

Diese Einordnung ist aus zwei Gründen wichtig:

1. um einzelne Mitarbeiter mit anderen zusammenzuspannen, die eine sehr ausgeprägte Intro- oder Extrovertiertheit ausgleichen können; und

2. damit Sie wissen, welche sehr stark intro- oder extrovertierten Mitarbeiter möglicherweise Ihre Unterstützung brauchen. Die Ratschläge, die Sie ihnen geben können, werden in etwa dieselben sein, die Sie selbst auf den Seiten 82 und 83 bekommen haben!

Einschätzung der Introvertiertheit/Extrovertiertheit

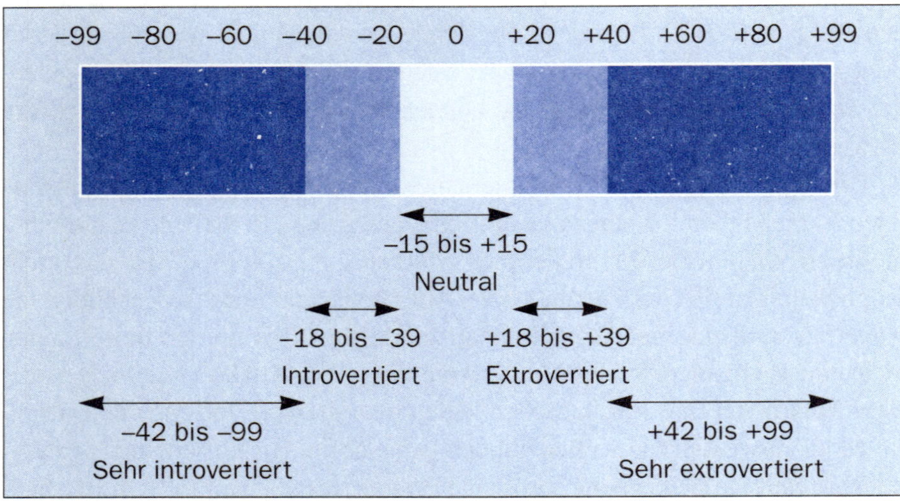

4. Das 1-2-3-Profil

Es gibt drei Möglichkeiten, wie Sie das 1-2-3-Profil Ihrer Mitarbeiter bestimmen können: Entweder Sie schätzen jeden selbst ein; oder Sie berufen eine Versammlung ein, bei der Sie das Konzept vorstellen und die Mitarbeiter bitten, sich gegenseitig einzustufen; oder Sie bitten sie (einzeln oder in der Gruppe), den Test zu machen.

Genau wie Sie sollten auch Ihre Mitarbeiter ihr eigenes 1-2-3-Profil kennen: damit sie ihre Aufgabenbereiche so modifizieren, daß sie ihre Stärken optimal einsetzen können, und damit sie effiziente Kleingruppen in Form von 1-2-3-Teams bilden können (siehe Seite 91).

5. Persönliche Stärken ausbauen

Überlegen Sie jetzt genau, welche drei Dinge jeder Mitarbeiter tun muß, um seine Leistung und sein Potential noch zu steigern. Dabei handelt es sich, je nach Persönlichkeit, um individuelle Aufgabenstellungen. Es werden nicht immer Korrekturmaßnahmen notwendig sein. Wenn aber jemand das Programm zur Kompetenzverbesserung durchläuft, sollten diese drei Punkte auf jeden Fall darin auftauchen. Bei Mitarbeitern hingegen, die ihre laufenden Aufgaben erfolgreich bewältigen, ist es sinnvoller, sich auf ihre Stärken zu konzentrieren und diese effizient im Team einzusetzen, als ihre Schwächen zu korrigieren, um „Allrounder" aus ihnen zu machen.

Menschen haben von Natur aus Stärken und Schwächen: Seien wir froh, daß dem so ist, sonst würden wir wohl in einer sehr langweiligen Welt leben. Die meisten Menschen müssen an ihrem Arbeitsplatz persönliche Neigungen entweder ganz unterdrücken oder zumindest sehr zurücknehmen, was zur Folge hat, daß ihre Kreativität und ihre Zufriedenheit im Berufsleben immer mehr nachlassen. Wer Glück hat, kann sein Arbeitsgebiet und seinen Arbeitsalltag seinen Neigungen entsprechend gestalten und seine Neigungen beruflich umsetzen. Aus dem Grund sind Selbständige oft glücklicher als Angestellte in großen, monolithischen Unternehmen.

Dabei ist die Selbstaufgabe alles andere als unvermeidlich. Sie ist gesellschaftlich bedingt, nicht wirtschaftlich. Es trägt oft sogar sehr zum Erfolg eines Unternehmens bei, wenn die Mitarbeiter ihre Stärken und Neigungen frei und ohne die in Unternehmen üblichen Einschränkungen ausleben können. Einige junge, florierende Unternehmen im Silicon Valley in Kalifornien haben uns das vorgeführt.

Ermutigen Sie Ihre Mitarbeiter, ihre Stärken auszubauen und einzusetzen. Überlegen Sie sich, wie Sie den Aufgabenbereich und die Zielsetzung Ihres Teams definieren können, damit es seine Stärken optimal nützen kann.

6. Mitarbeiter- und Teamrollen

Sie müssen sich auch eingehend damit befassen, wie sich die Stärken Ihrer Mitarbeiter am besten kombinieren lassen, um ein effizientes Team oder leistungsfähige Kleinteams zu bilden. Stärken und Schwächen gleicht man nicht aus, indem man Standard-Mitarbeiter wie vom Fließband produziert. Vielmehr gilt es, ein Team aus einseitigen, sich aber gegenseitig perfekt ergänzenden Leuten zusammenzustellen, die alle, soweit das geht, den Großteil der Zeit das tun, was sie gut können und auch gern tun. In der Realität ist das selten der Fall, und es kommt auch nicht von allein. Es ist Ihre Aufgabe – eine sehr herausfordernde und kreative Aufgabe –, diesen Zustand herbeizuführen. Nur

Sie – nicht Ihre Mitarbeiter – können das Team choreographieren. Ihre Vorgesetzten haben entweder nicht die Zeit, oder es fehlen ihnen die Informationen, oder sie sind schlicht und einfach nicht dafür zuständig. Wenn Sie es nicht tun, tut es niemand. Wenn Sie es nicht tun, werden Sie aus Ihrem Team aber auch nicht das Maximum herausholen können und Ihrerseits auch nicht das Maximum investieren. Alle Betreffenden können nur verlieren, wenn Sie diesen Schritt versäumen, sowohl was die Produktivität als auch was die persönliche Zufriedenheit angeht. Gehen Sie erst nach Hause, wenn Sie in dieser Sache ein Stück weitergekommen sind.

7. Wie kann Ihr Team Ihnen helfen?

Inzwischen werden Sie schon einiges in die Wege geleitet haben, um den Arbeitsalltag und die Leistung Ihrer Teammitglieder nach und nach zu verbessern. Es ist an der Zeit, daß Sie nun etwas als Gegenleistung verlangen.

Der letzte Teil Ihrer Mitarbeiterbewertung besteht darin, daß Sie die drei wichtigsten Bereiche festhalten, in denen Ihre Mitarbeiter jeweils zur Steigerung Ihrer eigenen Arbeitsleistung beitragen können.

Es ist erstaunlich, wie wenige Chefs das explizit von ihren Mitarbeitern verlangen. Und diejenigen, die es implizit tun, trauen sich nicht so recht oder schämen sich oft sogar ein wenig dafür. Falls Sie ähnliche Bedenken haben, lassen Sie mich eins gleich klipp und klar feststellen: Ihre Leute können gar nichts Wichtigeres tun, als Ihnen zu helfen, daß Sie Ihren Job besser machen. Etwas direkter ausgedrückt: Ihr Job ist wichtiger als der Ihrer Mitarbeiter (sonst brauchte man keine „Chefs“). Sie haben diesen Job aus einem bestimmten Grund bekommen. Sie haben als Teamleiter die Aufgabe, das meiste aus Ihrem Team herauszuholen – das ist ein schwerer und sehr wichtiger Job.

Sie sollten deshalb von Ihrem Team alles bekommen, was zu Ihrer Effektivität beitragen kann, und auch keine Scheu haben, diese Dinge zu verlangen. Wenn das heißt, daß Ihre Mitarbeiter in Zukunft weniger Zeit für weniger wichtige Aufgaben haben (oder diese ganz delegieren müssen), dann ist es eben so. Glauben Sie nicht, aus Höflichkeit oder Rücksicht die bisherigen Aufgabenbereiche Ihrer Leute nicht antasten und möglichst wenig Unterstützung von ihnen verlangen zu dürfen. Das hat nicht das geringste mit Höflichkeit zu tun, sondern ist nichts anderes als fehlende Phantasie oder mangelnder Mut und wird letztendlich nur allen schaden.

BEVOR SIE SICH ENTSCHEIDEN: DAS PERSÖNLICHE GESPRÄCH

Sie sollten nun für alle wichtigen Mitarbeiter eine kleine Akte angelegt haben, die zumindest aus sieben Einträgen für jeden der oben angeführten Punkte besteht. Als nächstes müssen Sie sich mit jedem dieser Mitarbeiter hinsetzen und ihm Ihre vorläufige Sicht der Dinge darlegen. Erarbeiten Sie gemeinsam einen Aktionsplan, mit dessen Hilfe der Mitarbeiter seine Effektivität und seinen Teambeitrag steigern kann.

Üben Sie sich in Zurückhaltung, und beweisen Sie Kreativität.

Zurückhaltung ist sehr wichtig, weil man mit seiner Einschätzung einer anderen Person auch auf dem Holzweg sein kann. Die Tests und Interpretationshilfen von weiter oben (Seite 71 ff.) sollten Sie in erster Linie zum Nachdenken anregen. Sie zeigen mögliche Lösungen auf, sind aber natürlich nicht durch und durch „wissenschaftlich“ und auch nicht unfehlbar. (Niemand ist unfehlbar. Zum Glück läßt sich der menschliche Geist nicht in eine Schublade sperren. Menschenkenntnis ist viel mehr eine Kunst als eine Wissenschaft.) Sie liegen mit Ihrer Einschätzung unter Umständen falsch. Möglicherweise haben Sie auch Signale eines Mitarbeiters falsch interpretiert. Seien Sie deshalb, wenn Sie mit Mitarbeitern über derlei Dinge sprechen, am Anfang sehr vorsichtig, und stellen Sie Fragen. Wenn Sie Ihr Urteil kundtun wollen, schwächen Sie es immer ab. Beginnen Sie etwa mit „Ich kenne Sie ja nicht sehr gut, aber ich habe den Eindruck …“, anstatt oberlehrerhafte Feststellungen zu treffen, die keinen Widerspruch dulden. Sie werden so einen sehr viel konstruktiveren Dialog in Gang bringen und falsche Informationen korrigieren können.

Sie brauchen aber auch Kreativität. Ein „Beratungsgespräch“ oder ein Gespräch zur „Karriereplanung“ sollte in möglichst entspannter Atmosphäre und ohne zeitlichen Druck stattfinden. Es sollte nicht im Herunterbeten vorbereiteter Phrasen bestehen, wobei das Ergebnis des Gesprächs schon feststeht. Meist ergeben sich die besten Ideen, wie sich die Effektivität einzelner Mitarbeiter oder des gesamten Teams steigern läßt, ganz spontan im Laufe eines Gesprächs und nicht, wenn man im einsamen Kämmerchen darüber nachsinnt. Alle spontanen Ideen werden aber gleich wieder abgewürgt (wenn sie überhaupt entstehen), wenn die Atmosphäre gespannt ist oder sich der Gesprächspartner in die Defensive gedrängt fühlt. Sie müssen flexibel und bereit sein, Ihre Meinung in „Echtzeit“ zu ändern. Das beste Resultat werden Sie erzielen, wenn Sie beide zu kreativen Lösungsansätzen bereit sind, bei denen alle Beteiligten nur gewinnen können: der betreffende Mitarbeiter, Sie und das gesamte Team.

Vergessen Sie nicht, Ihre Aufzeichnungen nach solchen Mitarbeitergesprächen nochmals zu überarbeiten. Halten Sie alle für die Zukunft vereinbarten Verpflichtungen und Maßnahmen schriftlich fest.

Wenn Sie mit allen Mitarbeitern ein Gespräch geführt haben, berufen Sie eine Zusammenkunft des gesamten Teams ein. Unterrichten Sie alle von eventuellen Verschiebungen der Aufgabenbereiche sowie davon, was von jedem einzelnen Mitarbeiter in Zukunft erwartet wird und wie sie einander helfen können.

Wenn Sie in dieser Angelegenheit Fingerspitzengefühl beweisen und mit Begeisterung bei der Sache sind, sind Sie auf dem besten Weg, ein neues Team auf die Beine zu stellen, das Spaß an der Arbeit hat.

DIE 40-TAGE-CHECKLISTE

1. Haben Sie für alle wichtigen Mitarbeiter eine Akte mit den sieben oben genannten Punkten angelegt? Ankreuzen

A Ja ☐

B Nein ☐

2. Haben Sie mit allen diesen Mitarbeitern darüber ein Gespräch geführt?

A Ja ☐

B Nein ☐

3. Waren diese Gespräche konstruktiv, und fanden sie ohne Zeitdruck statt?

A Ja ☐

B Im großen und ganzen ☐

C Eigentlich nicht ☐

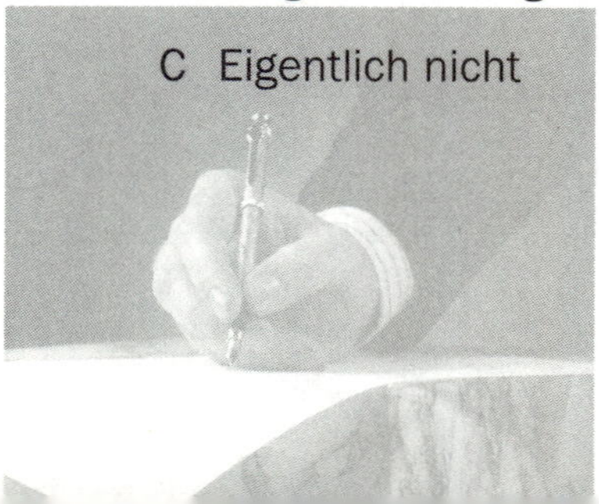

4. Haben Sie als Folge dieser Gespräche Ihre Einschätzung in einigen wichtigen Punkten geändert? Ankreuzen

A Ja ☐

B Nein ☐

5. Haben Sie das aufrichtige Gefühl, daß es jetzt mehr „Ihr Team“ ist als „das Team, das Sie übernommen haben“?

A Ja ☐

B Bis zu einem gewissen Grad ☐

C Eigentlich nicht ☐

6. Haben Sie in den letzten zwei Wochen wichtige Aspekte in Erfahrung gebracht, wie Sie Ihren Job, mit der Hilfe Ihres Teams, besser machen können?

A Ja, mit Sicherheit ☐

B Bis zu einem gewissen Grad ☐

C Eigentlich nicht ☐

7. Haben Sie das Gefühl, Ihre Mitarbeiter geben Ihnen direkte Antworten auf direkte Fragen, oder gibt es immer noch ein gewisses Maß an Mißtrauen?

A Es wird immer noch ein Spiel gespielt, aber schon viel weniger. ☐

B Es wird immer noch sehr stark ein Spiel gespielt. ☐

C Über dieses Stadium sind wir hinaus; ich glaube, wir gehen sehr direkt miteinander um. ☐

8. Hat die Teammoral zu- oder abgenommen, seit Sie Chef sind?

A Ich weiß es nicht/wahrscheinlich hat sie sich nicht sehr verändert. ☐

B Wenn ich ehrlich bin, hat sie abgenommen. ☐

C Ich bin mir sicher, daß sie zugenommen hat. ☐

Berechnung Ihrer Punktzahl

Frage 1 und 2
A: jeweils 10 Punkte
B: jeweils 0

Frage 3
A: 10
B: 5
C: 0

Frage 4
A: 10
B: 0

Frage 5 und 6
A: jeweils 15
B: jeweils 5
C: jeweils 0

Frage 7 und 8
A: jeweils 5
B: jeweils 0
C: jeweils 15

Auswertung

75–100 Phantastisch! Planen Sie für die Zukunft regelmäßige Bewertungen wie diese ein. Bleiben Sie stets am „Puls“ des Teams. Glauben Sie nicht, Sie haben „das jetzt abgehakt“ und können sich nun um das eigentliche Geschäft kümmern.

50–70 Ja, ich weiß, es ist nicht leicht! Sie haben bei den früheren Checklisten möglicherweise besser gepunktet: diesmal wurden Sie auf eine härtere Probe gestellt. Ich weiß, daß es Zeit braucht, aber es ist der Mühe wert. Machen Sie erst weiter, wenn Sie auf mindestens 75 Punkte gekommen sind.

0–45 Sie sind mit Ihrem Team noch nicht zum Durchbruch gelangt. Überlegen Sie, ob Sie die Sache nicht vielleicht falsch angepackt haben. Gehen Sie die einzelnen Schritte in diesem Kapitel noch einmal durch, und machen Sie erst mit dem nächsten Kapitel weiter, wenn Sie es auf mindestens 75 Punkte gebracht haben.

KAPITEL 7

Erste Erfolge planen

Die Wirkung von Anfangserfolgen kann nicht hoch genug eingeschätzt werden. Neue Führungskräfte blühen auf, wenn sie Erfolg haben, Teams, die unter einem neuen Chef plötzlich erfolgreicher sind, steigern sich zu Höchstleistungen. Ihre Kollegen und Mitarbeiter im Unternehmen und auch andere Unternehmen, mit denen Sie häufig zu tun haben, werden Sie danach beurteilen, welchen ersten Eindruck Sie hinterlassen.

Sie können das alles natürlich dem Schicksal überlassen – doch es gibt auch einen anderen Weg: selbst für Anfangserfolge zu sorgen! Das heißt, Sie sorgen dafür, daß Ihr Team schon sehr bald einen Erfolg zu verbuchen hat, auf den es stolz sein kann und der einem größeren Kreis innerhalb und außerhalb des Unternehmens zu Ohren kommt. Manchmal stellt sich ein Erfolg ja spontan ein. Aber um auf Nummer Sicher zu gehen, sollte man ihm lieber ein wenig auf die Sprünge helfen, nach dem Motto: „Je mehr ich übe, desto mehr Glück habe ich.“

In den nächsten zehn Tagen haben Sie die Aufgabe, den Grundstein für mindestens einen klaren Anfangserfolg zu legen, der sich dann im Verlauf der nächsten drei Monate einstellen muß.

Sie brauchen dazu eine Portion Geschick und auch ein bißchen Berechnung. Ein paar Tips sollen Ihnen dabei helfen.

WO SETZT MAN AN FÜR DEN ANFANGSERFOLG?

Der erste Schritt ist der wichtigste: die Entscheidung, auf welchen Bereich oder welches Projekt Sie sich konzentrieren wollen. Denken Sie sehr gründlich darüber nach. Entscheiden Sie sich für einen Bereich, in dem ein „Erfolg" eindeutig ist. Das Risiko zu scheitern sollte möglichst gering sein, und von seiten Ihres Teams sollte nur ein Minimum an Einsatz erforderlich sein. Mit diesen zwei Aspekten werden wir uns weiter unten noch näher befassen.

Damit etwas als eindeutiger Erfolg zählt, müssen die folgenden Bedingungen erfüllt sein:

- Es muß etwas sein, was in den Augen des Teams eine besondere Leistung darstellt, was bis dahin noch nie erreicht wurde und worüber das Team sich freut.
- Es muß einen Wert darstellen und etwas sein, wovon auch Menschen außerhalb Ihrer Abteilung einen Nutzen haben.
- Es muß etwas sein, wovon Personen innerhalb und auch außerhalb des Unternehmens, die für Ihre Abteilung wichtig sind, Notiz nehmen. (Sie können diesem „Notiznehmen" ruhig mit etwas Werbung oder PR nachhelfen, solange Sie nur nicht zu dick auftragen.)

Es darf, wie gesagt, nur ein Minimum an Einsatz kosten, und das Risiko darf ebenfalls nur minimal sein. Hoffentlich sind Ihnen wenigstens zwei oder drei Projekte eingefallen, die Sie in Angriff nehmen könnten. Überlegen Sie nun ganz pragmatisch, welchen von diesen potentiellen Erfolgen das Team am ehesten und am leichtesten verwirklichen könnte. Steuern Sie lieber auf ein weniger hochgestecktes Ziel zu, bei dem die Erfolgschancen gut stehen (vorausgesetzt, es erfüllt die drei oben genannten Kriterien und wäre wirklich ein Erfolg), als auf ein ehrgeizigeres, aber dafür riskanteres Ziel.

Der anvisierte Erfolg kann alles mögliche sein: einen wichtigen neuen Kunden zu gewinnen; die Qualität oder den Kundendienst deutlich zu verbessern; eine Auszeichnung an Land zu ziehen; den monatlichen Umsatz oder Gewinn in die Höhe schnellen zu lassen; einen kostspieligen und peinlichen Fehler Ihres Vorgängers auszubügeln; ein neues Produkt mit Erfolg auf dem Markt zu lancieren; oder irgend etwas anderes.

Natürlich wird es vor allem Eindruck machen, wenn man etwas zustande bringt, was andere zuvor als unmöglich bezeichnet haben. Dafür werden Sie wahrscheinlich sehr radikale Maßnahmen helfen und sehr geschickt vorgehen müssen. Sich lediglich mehr zu bemühen als andere, wird nicht reichen. Versuchen Sie, zusammen mit Ihrem Team etwas Geeignetes zu finden.

Egal, ob Sie nun die zündende Idee haben oder nicht, in jedem Fall sollten alle im Team eigene Vorschläge machen können, und das gesamte Team sollte an der Entscheidung beteiligt sein.

Den Einsatz breit streuen: Pro und Kontra

Seine Erfolgschancen kann man zum Beispiel erhöhen, indem man seinen Einsatz möglichst breit streut, so ähnlich wie die alten Damen, die beim Pferderennen auf alle Pferde setzen. In Ihrem Fall hieße das, daß Sie mehrere potentielle Anfangserfolge ins Auge fassen und gleichzeitig auf alle hinarbeiten, in der Hoffnung, zumindest einen Erfolg auch tatsächlich verbuchen zu können. Der Nachteil dieser Strategie ist natürlich, daß man seine Energie auf mehrere Projekte verteilen muß und in kein Projekt so viel stecken kann, daß der Erfolg sicher ist.

Verlassen Sie sich auf Ihren gesunden Menschenverstand bei der Entscheidung, ob Sie lieber nur auf ein Ziel oder auf mehrere Ziele gleichzeitig zusteuern wollen. Man kann hier kaum allgemeine Richtlinien aufstellen, außer vielleicht einer: mehrere Projekte gleichzeitig zu verfolgen ist dann sinnvoll, wenn man die Projekte unter den Teammitgliedern aufteilen kann. Allerdings müssen Sie es dann so anlegen, daß sich am Ende das gesamte Team für den Erfolg mitverantwortlich fühlen kann. Wenn das nicht geht oder Sie nicht mehrere „Einsätze" auf das Team verteilen können, konzentrieren Sie sich lieber auf ein einziges Ziel, aber mobilisieren Sie dafür alle Kräfte zu einer gemeinsamen Anstrengung.

Sie sollten den Sturm anführen

Der geplante Anfangserfolg sollte etwas sein, wozu Sie persönlich einen bedeutenden Beitrag leisten können. Und tun Sie das dann auch unbedingt! Nichts ist für ein Team motivierender, als zu sehen, wie sich der Anführer mit

Begeisterung in die Schlacht wirft und auch wirklich etwas bewegt. Vergessen Sie aber nicht: Die Anerkennung gebührt dem ganzen Team!

Reden Sie niemals davon, was Sie persönlich beigetragen haben. Heben Sie sowohl während der Schlacht als auch nach errungenem Sieg möglichst viele Teammitglieder anerkennend hervor. Betonen Sie, daß es eine echte Teamleistung und erst der Anfang war und noch viele solcher Siege folgen werden.

WIE MAN ERWARTUNGEN ÜBERTRIFFT

Am leichtesten kann man Erwartungen übertreffen, wenn es gar keine oder nur sehr bescheidene Erwartungen gibt. Begeistern Sie deshalb das Team zwar für Ihr Vorhaben, aber informieren Sie sonst möglichst niemanden: weder Ihren Chef noch Kollegen in anderen Abteilungen und auch niemanden außerhalb des Unternehmens. Sonst laufen Sie Gefahr, daß Sie denen, die Sie eigentlich beeindrucken wollten, mit Ihrem Erfolg nicht mehr als ein lautes Gähnen entlocken. Tragen Sie auch Ihren Teammitgliedern auf, die Sache für sich zu behalten.

Sollten Außenstehende dennoch davon erfahren (und das kann immer passieren), spielen Sie die Erfolgsaussichten möglichst herunter. Betonen Sie, daß es bis zum Ziel noch ein langer, harter Weg ist. Wenn Sie die Sache dann mit Erfolg durchgezogen haben, werden sie trotzdem überraschte und anerkennende Gesichter sehen.

WENN MAN DAS ZIEL VERFEHLT

Nun haben Sie zwar vielleicht ein erfolgversprechendes Projekt ausgewählt, aber nach ein, zwei Wochen stellt sich heraus, daß die Nuß schwerer zu knacken ist, als Sie alle gedacht haben. Versteifen Sie sich in dem Fall nicht darauf, weiterzumachen. Zwar gibt es immer Leute, die erst richtig in Fahrt kommen, wenn es hart auf hart geht, viele verbohren sich aber nur noch weiter in eine aussichtslose Sache. Was also, wenn das Team nicht weiterkommt?

Es war darum gegangen, ein schnell erreichbares Ziel auszuwählen. Wenn sich dieses Ziel nun als Fata Morgana entpuppt, vergessen Sie es (zumindest für den Augenblick), und suchen Sie sich ein anderes.

So etwas kann immer passieren. Aus diesem Grund sollten Sie – zumindest insgeheim – immer ein Reserveziel parat haben.

Und wenn Sie das Ziel nicht erreichen, obwohl Sie drei Monate lang darauf hingearbeitet und Sie es alle für realistisch gehalten haben – es dann aber nicht erreichen, weil Sie sich verrechnet haben oder weil Sie Pech hatten, oder einfach, weil Sie nicht gut genug waren? Es ist zu spät, sich auf ein anderes Ziel zu verlegen. Was tun?

Nil desperandum – machen Sie sich das zum Motto – verzweifeln Sie nicht! Hätten Sie Ihr Ziel erreicht, wäre das ein großer Pluspunkt gewesen. Es nicht zu erreichen, muß deshalb nicht unbedingt ein Minuspunkt sein, es sei denn, Sie machen es dazu. Wie frustriert oder enttäuscht Sie auch sein mögen, lassen Sie es sich nicht anmerken. Streichen Sie auch angesichts der Niederlage das Positive hervor, das Sie erreicht haben. Wenn Sie nur genau genug hinsehen, gibt es fast immer auch positive Aspekte: Auch wenn es nichts anderes ist, als daß man jetzt zum Beispiel weiß, daß die Strategie X nichts bringt oder daß das Team durch dieses gemeinsame Projekt stärker zusammengewachsen ist (wodurch man eine gute Ausgangsposition für spätere Vorhaben hat).

Rücken Sie für Ihr Team andere Dinge in den Vordergrund, das Drei-Monats-Ziel ist ja nicht Ihr ein und alles. Denken Sie immer daran: Das Glas ist nicht halb leer, es ist halb voll. Oft ist es sogar befriedigender, erst beim zweiten oder dritten Anlauf Erfolg zu haben. Und abgesehen davon baut man auf die Art auch Arroganz oder Selbstzufriedenheit vor.

WIE MAN ERFOLGE FEIERT

Auf jeden Fall sollte der Erfolg, wenn er sich denn einstellt, etwas Schönes sein. Sorgen Sie dafür, daß Ihr Team ihn gebührend feiert. Vergessen Sie nie, daß die Arbeit Spaß machen soll – und wenn man keinen Spaß haben darf, nachdem man einen größeren Sieg davongetragen hat, wann bitte sonst? Stellen Sie also Zeit und Geld zum Feiern zur Verfügung – die Investition wird sich lohnen. Laden Sie alle zum Essen ein. Geben Sie eine Party. Wenn dem übrigen Unternehmen und „der Welt draußen“ Ihr Erfolg bisher entgangen ist – wenn sie Sie und Ihre Leute in Partystimmung sehen, werden sie mit Sicherheit fragen, was es zu feiern gibt!

Menschen sind im Grunde primitive Geschöpfe. Auch wenn es viele abstreiten: Wir alle mögen es, wenn man uns schmeichelt, wir alle brauchen Bestätigung und Anerkennung. Also: verteilen Sie Anerkennung, schmeicheln Sie, geizen Sie nicht mit Bestätigung. Nach einem beachtlichen Erfolg wird Ihnen das um so leichter fallen.

Eine andere Möglichkeit ist, daß man ein bestimmtes (angenehmes) Ritual einführt, das stets auf besondere Leistungen des Teams folgt. Das kann etwas ganz Unspektakuläres sein wie Süßigkeiten oder kleine Geschenke; oder man läßt etwas mehr Geld springen und spendiert ein paar Flaschen Wein oder Sekt. Ein festes Ritual ist schon deshalb eine gute Sache, weil dann alle immer nach dem nächsten Erfolg Ausschau halten, um wieder einen Grund für den Vollzug des Rituals zu haben.

Eine kleine Warnung: Passen Sie auf, daß Ihr Team nicht selbstzufrieden oder arrogant wird. Geben Sie neue „Erfolgsziele“ vor, und halten Sie es damit auf Trab.

Und als nächstes ...

Hoffentlich hat es Ihnen Spaß gemacht, den ersten größeren Erfolg für Ihr Team zu planen. Ihre Aufgabe für die nächsten zwei Wochen ist auch sehr wichtig, wird Ihnen aber wahrscheinlich nicht so gefallen. Wir werden uns nämlich damit beschäftigen, wie man die Probleme voraussehen kann, die sich in Zukunft stellen werden (und nicht nur stellen „können“!). Füllen Sie aber zuvor noch die 50-Tage-Checkliste aus, und gönnen Sie sich dann ein erholsames Wochenende.

DIE 50-TAGE-CHECKLISTE

Ankreuzen

1. Wird der anvisierte Anfangserfolg (bzw. werden die anvisierten Anfangserfolge) auch für „die Welt draußen" von Bedeutung sein, und wird er (werden sie) von Ihrem Team als echte Teamleistung empfunden?

A Ich habe mich für noch keinen Anfangserfolg (keine Anfangserfolge) entschieden, weil ich es richtig machen möchte und dafür noch mehr Zeit brauche. ☐

B Ja auf beide Fragen ☐

C Ja auf eine Frage ☐

D Nein, aber ich möchte mit einem bescheidenen Ziel anfangen, bei dem ich sicher bin, daß wir es erreichen können. ☐

2. Wie viele potentielle Anfangserfolge haben Sie ausgewählt?

A Nur einen ☐

B 2 oder 3 ☐

C 4 oder mehr ☐

D Wie ich schon sagte, habe ich mich noch nicht entschieden. ☐

3. Haben Sie vor, dabei selbst eine wichtige Rolle zu spielen?

A Nein, es ist motivierender, wenn die anderen eine größere Rolle spielen und dann auch die Lorbeeren ernten. ☐

B Ja ☐

4. Haben Sie das Projekt außerhalb Ihres Teams publik gemacht, damit mehr Notiz davon genommen wird und Ihr Team stärker motiviert ist?

A Ja ☐

B Nein ☐

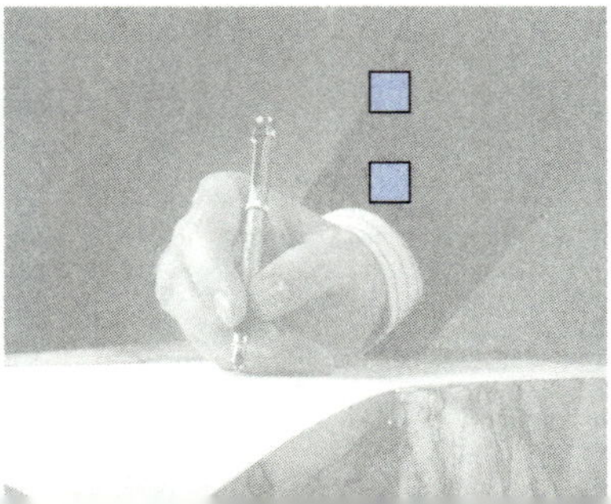

5. Werden Sie weitermachen, auch wenn Sie in den ersten Wochen nicht vorankommen? Ankreuzen

A Ja ☐

B Nein ☐

6. Was werden Sie tun, wenn Ihr Team das Ziel nicht erreicht?

A Nichts ☐

B Ein anderes Ziel anpeilen ☐

C Die ganze Sache vergessen ☐

D Untersuchen, warum es danebengegangen ist, damit wir aus den Fehlern lernen. ☐

7. Angenommen, Sie haben Erfolg: Werden Sie alle Mitarbeiter lobend erwähnen, die zur Erreichung des Ziels beigetragen haben?

A Nein, das würde nur zur Spaltung des Teams führen und die demoralisieren, die keinen größeren Beitrag geleistet haben; ich werde das Team als Ganzes loben. ☐

B Ja ☐

C Ich werde die Mitarbeiter besonders hervorheben, die den größten Beitrag geleistet haben, mich selbst aber nicht erwähnen. ☐

8. Werden Sie den Sieg irgendwie feiern?

A Ja ☐

B Nein ☐

9. Welche zwei Gefahren muß man nach errungenem Sieg vermeiden?

(Schreiben Sie die Antworten auf und überprüfen Sie im folgenden Abschnitt, ob Sie recht hatten.)

Berechnung Ihrer Punktzahl

Frage 1
A: 0 Punkte
B: 10
C oder D: 0

Frage 2
A oder B: 10
C oder D: 0

Frage 3, 4 und 5
A: jeweils 0
B: jeweils 10

Frage 6
A: 0
B: 10
C oder D: 0

Frage 7
A: 0
B: 5
C: 10

Frage 8
A: 10
B: 0

Frage 9
Die richtigen Antworten lauten „Arroganz“ und „Selbstzufriedenheit“. Sie bekommen 10 Punkte für jede dieser Antworten.

Auswertung

75–100 Ausgezeichnet! Belohnen Sie sich dieses Wochenende mit etwas Besonderem.

50–70 Sie sind zumindest auf eine der Fangfragen hereingefallen! Lesen Sie das Kapitel noch einmal, und machen Sie dann weiter.

0–45 Sie haben nicht verstanden, worum es geht. Warten Sie, bis Sie in der richtigen Verfassung sind, und versuchen Sie es dann noch einmal.

KAPITEL 8

Probleme voraussehen

Vielleicht sehen Sie diesen Ratgeber inzwischen mit einem gewissen Zynismus. „Das ganze Gerede von Anfangserfolgen ist ja schön und gut“, murmeln Sie vielleicht. „Aber ich habe alle Hände voll damit zu tun, den Kopf über Wasser zu behalten. Was für Ratschläge oder Tips haben Sie denn für mich, damit der Laden überhaupt läuft?“

Nun, Sie kennen vielleicht den Song von Lynn Anderson: „I beg your pardon, I never promised you a rose garden“. Genau: „Ich habe Ihnen niemals einen Garten voller Rosen versprochen.“ Eine der bittersüßen Freuden in einer Führungsposition ist, daß man Schwierigkeiten fest ins Gesicht sehen und sie gleichsam niederstarren muß. Man darf sich nicht aus der Ruhe bringen lassen und darf nicht den Optimismus verlieren, auch wenn alles darauf hindeutet, daß der Untergang nahe ist. Rufen Sie sich alle möglichen aufmunternden Sprüche ins Gedächtnis, die Ihnen nur einfallen, etwa „Was mich nicht umbringt, macht mich nur stärker“ oder „Das Glas ist nicht halb leer, es ist halb voll“, „Alles hat zwei Seiten“ und so weiter. Genießen Sie es, wenn nicht alles so glatt geht. Sie werden dafür bezahlt, Probleme zu lösen, da können Sie es genausogut mit Freude tun. In allen berühmten Heldensagen verbringt der Held immer mindestens genausoviel Zeit damit, unvorhergesehene Gefahren zu überwinden, wie damit, auf ein hehres Ziel zuzusteuern. Sie sehen, Sie befinden sich in guter Gesellschaft.

Doch es geht in diesem Kapitel eigentlich nicht um konkrete Problemlösungen. Es geht darum, wie man zukünftige Schwierigkeiten voraussehen kann. Jetzt murmeln Sie vielleicht schon nicht mehr vor sich hin, sondern stöhnen bereits. Sie sind wahrscheinlich schon mit einer ganzen Reihe von

Problemen konfrontiert worden und haben vielleicht auch schon ein paar gefährliche Brandherde gelöscht. Das Letzte, wozu Sie jetzt Lust haben, ist, über Schwierigkeiten zu reden, wo es gar keine gibt.

Aber die Probleme, mit denen Sie gleich zu Anfang konfrontiert wurden, haben einen sehr gefährlichen Verwandten: das Problem, das im Verborgenen lauert. Es wird immer größer, während Ihre Verteidigungsmöglichkeiten immer schwächer werden, und es wird dann akut, wenn Sie am verwundbarsten und am wenigsten darauf vorbereitet sind.

Daraus lassen sich zwei Schlußfolgerungen ziehen. Erstens, daß Sie über jede Schwierigkeit froh sein sollten, die sich Ihnen in den ersten 100 Tagen in den Weg stellt. Dann lauert nämlich eine Schlange weniger im hohen Gras, und man kann Ihnen nicht für Probleme die Verantwortung zuschieben, die auftauchen, wenn Sie gerade erst Ihre Funktion übernommen haben. Die zweite Schlußfolgerung ist, daß Sie nach Schwierigkeiten suchen und sich den Kopf darüber zerbrechen sollten, was in Zukunft schieflaufen könnte. So können Sie das Übel vielleicht abwenden und sind auf die Mächte des Bösen geistig vorbereitet.

Es gehört zu den Aufgaben von Führungskräften, Schwierigkeiten zu orten, bevor sie auftreten. Grundsätzlich kann man vier Spielarten solcher Schwierigkeiten unterscheiden. Sie sollten sich mit jeder von ihnen systematisch auseinandersetzen.

- Interne Schwierigkeiten (im Team);
- firmeninterne Schwierigkeiten;
- Probleme mit Kunden oder Klienten;
- Probleme mit der Konkurrenz.

Wir werden uns der Reihe nach mit diesen vier Bereichen befassen.

SCHWIERIGKEITEN IM TEAM

In Kapitel 6 ging es um die Einschätzung Ihres gegenwärtigen Teams und die Bildung eines neuen Teams. In Kapitel 7 war die Frage, wie Sie Ihrem Team Anfangserfolge ermöglichen können. Nun ist es natürlich nicht damit getan, daß man sich mit diesen Fragen jeweils ein paar Wochen lang auseinandersetzt und sie dann ad acta legt. Ihre Leute und deren Anliegen werden für Sie immer ein Thema sein, Sie werden ständig beobachten müssen, wie gut oder wie schlecht einzelne Teammitglieder arbeiten und wie das Team als Ganzes funktioniert. Und Sie werden sich über potentielle Probleme den Kopf zerbrechen müssen.

Die Mitarbeiter, die aus ihren Gefühlen keinen Hehl machen, brauchen Ihnen keine Sorgen zu bereiten. Die werden Sie in der Zwischenzeit sicher schon mit ihren Problemen konfrontiert haben, und Sie werden diese Probleme (das nehme ich doch an) bereits gelöst haben. Konzentrieren Sie sich statt dessen auf die „stillen Wasser".

Nehmen Sie sich die Zeit, und führen Sie mit jedem dieser Mitarbeiter ein Gespräch unter vier Augen. Fangen Sie mit einem Thema an, das die Arbeit betrifft, versuchen Sie dann aber auch, emotionale und rationale Rückmeldungen zu bekommen. Achten Sie auf Dinge, die den Betreffenden vielleicht zu schaffen machen: etwa der Druck, dem sie von außerhalb, aber auch von innerhalb des Teams (und hier vor allem von Ihnen!) ausgesetzt sind; ihre Rolle im Team oder ihr Verhältnis zu den anderen Teammitgliedern; oder auch die Frage, ob sie die Erwartungen erfüllen, die in sie gesetzt werden, oder inwieweit sie etwas Sinnvolles tun.

Wählen Sie für diese Gespräche eine Tageszeit, zu der Sie nicht gestört werden. Am besten setzen Sie eine Zeit an, die nicht mehr ganz oder noch nicht so ganz zur Arbeitszeit zählt: zum Beispiel morgens, noch bevor die meisten anderen Mitarbeiter kommen (wenn Sie es mit einem Frühaufsteher zu tun haben), am Ende des Arbeitstages oder (wenn Sie dann Ruhe haben) über Mittag. Eine Möglichkeit ist auch, solche Gespräche nicht im Büro zu führen, sondern zum Beispiel auf einer Geschäftsreise oder bei irgendeinem gesellschaftlichen Anlaß. Das alles hat den Sinn, in möglichst entspannter Atmosphäre ein offenes Gespräch stattfinden zu lassen. Seien Sie so natürlich wie möglich. Legen Sie es nicht auf ein besonders persönliches oder vertrauliches Gespräch an, wenn das nicht nötig ist oder gewollt wird: Sie schüchtern Ihr Gegenüber damit höchstens ein.

Seien Sie so positiv, wie Sie können, ohne unehrlich zu sein. Heben Sie Positives hervor. Erwähnen Sie eine kürzlich erbrachte Leistung. Geben Sie dem anderen zu verstehen, daß er ein wertvolles Mitglied des Teams ist – und das sollten Sie ganz ehrlich sagen können, denn wäre er das nicht, hätten Sie ihn wohl schon längst aus dem Team entfernt. Kommen Sie auf Bereiche zu sprechen, in denen Ihr Gesprächspartner Experte und beschlagener ist als Sie und in denen Sie sich auf ihn verlassen. (Das muß aber ganz natürlich kommen: Es gibt nichts Schlimmeres als das Gefühl, jemand will einem mit Absicht schmeicheln oder einen manipulieren. Sagen Sie nichts, woran Sie nicht glauben, seien Sie im Zweifelsfall aber doch großzügig.) Müssen Sie Ihrem Gegenüber negatives Feedback geben, betten Sie es in positive Bemerkungen ein. Und kritisieren Sie nur konkrete Handlungen, niemals die Person als solche.

Im Laufe dieser vierzehn Tage sollten Sie mit allen Teammitgliedern sprechen, mit denen Sie bisher noch kein ausführliches Gespräch geführt haben, sowie mit allen anderen wichtigen Mitarbeitern, die besonders ruhig und reserviert sind. Ihre Chancen, Schwierigkeiten von innerhalb des Teams abzuwenden, werden danach bedeutend besser stehen.

SCHWIERIGKEITEN IN DER FIRMA

Damit sind Schwierigkeiten mit anderen Abteilungen oder Gruppen des Unternehmens gemeint. Es ist traurig, aber wahr, daß es oft leichter ist, mit der Außenwelt und sogar mit der Konkurrenz zu kooperieren als mit den Kollegen in anderen Abteilungen. Das hat dieselbe Ursache wie Konflikte in Familien oder zwischen Gruppen oder politischen Parteien mit ähnlichen Zielen: Es wird um die Verteilung begrenzter Ressourcen gekämpft, um den Platz in der Familie, um Posten, um Geld. Nähe ist oft ein Nährboden für Aggressionen: Man glaubt, aufgrund der engen Verbindung nicht so höflich sein zu müssen wie Fremden oder entfernten Bekannten gegenüber, oder man gestattet sich, Forderungen zu stellen, die jeder Außenstehende als unverschämt empfinden würde.

Ich kenne Unternehmen (und oft sind es gerade die, die in den Augen der Außenwelt für Erfolg und Professionalität stehen), in denen die Top-Führungskräfte einen Großteil ihrer Zeit mit politischem Taktieren und internen Querelen verbringen, statt sich in der Zeit um Kunden oder um die Konkurrenz zu kümmern. Das ist eine wahre Tragödie. Wenn Sie so einem Unternehmen angehören, kann ich Ihnen nur raten, entweder eine Revolution in Gang zu setzen oder, wenn das nicht auf Erfolg hoffen läßt, ein Management Buyout für Ihre Abteilung anzustreben. Andernfalls sehen Sie sich lieber nach einem Job in einem besser geführten Unternehmen um.

In firmeninternen Angelegenheiten halte ich nichts von Zynismus oder Machiavellismus. Ihr Job ist, dafür zu sorgen, daß Ihr Team möglichst wenig

Zeit durch firmeninterne Streitigkeiten verliert und sich auf seine eigentlichen Aufgaben konzentrieren kann (wobei für einige Aufgaben, etwa im Bereich der Qualitätskontrolle und Qualitätssicherung, ein gewisses Maß an konstruktiver Spannung durchaus positiv sein kann). Unternehmensinterne Konflikte auf ein Minimum zu reduzieren heißt aber nicht, sich für unverwundbar zu halten oder die Augen zu verschließen – nach dem Motto: „Was ich nicht weiß, macht mich nicht heiß." Ganz im Gegenteil: Es erfordert Wachsamkeit, Intelligenz und Entschlossenheit.

Erfolgreiche Führungskräfte wirken unkonstruktiven innerbetrieblichen Konflikten von vornherein entgegen, indem sie die Aufmerksamkeit und Energie aller auf gemeinsame Unternehmensziele oder gemeinsame externe Feinde lenken. Was Ihr Team angeht, sollten Sie auch diese Strategie verfolgen.

Nun werden aber mit großer Wahrscheinlichkeit nicht immer alle Führungskräfte in Ihrem Unternehmen danach handeln. Sie müssen mit Problemen von seiten der Kollegen in anderen Abteilungen rechnen. Am ehesten wird es mit jenen Kollegen Schwierigkeiten geben, von denen Sie am stärksten abhängig sind oder die ihrerseits am meisten auf Ihr Team angewiesen sind. Im folgenden finden Sie ein paar Tips, wie Sie solche Probleme voraussehen und erfolgreich abwenden können.

Konflikte der Vergangenheit

Informieren Sie sich, wo und warum es in der Vergangenheit zu Konflikten gekommen ist und was genau passiert ist: Finden Sie heraus, um welche Probleme es genau ging, wie sie gelöst wurden, welche Punkte noch immer ungelöst sind. Überlegen Sie, ob die Sache rückblickend wirklich so wichtig war oder ob man sie freundschaftlich hätte beilegen können. Überlegen Sie auch, inwieweit Kontroversen, die noch nicht zur allgemeinen Zufriedenheit gelöst worden sind, wieder aufbrechen könnten.

Was können Sie tun?

Als nächstes müssen Sie sich Gedanken darüber machen, wie Sie und Ihr Team weiteren Schwierigkeiten vorbeugen und mögliche Ursachen für Konflikte aus dem Weg räumen können. Sehen Sie sich jeden Problembereich genau an: Welchen Konflikten kann man dadurch relativ schmerzlos vorbeugen, daß man die Arbeitsweise des Teams verändert? Was läßt sich durch zusätzliche Ressourcen lösen? In welchen Bereichen muß sich tatsächlich etwas am Verhalten anderer Abteilungen ändern? Sie werden überrascht sein, wie viele Konflikte in die ersten beiden Kategorien fallen. Das Konfliktpotential der ersten Kategorie zu senken, liegt in jedem Fall in Ihrem Kompetenzbereich, und sehr oft werden Sie auch hinsichtlich der zweiten Kategorie Maßnahmen ergreifen können. Warten Sie nicht, tun Sie sofort alles, was in Ihrer Macht steht!

Wozu Sie andere Abteilungen bringen müssen

Konflikte der dritten Kategorie können Sie nur mit Hilfe der Abteilung lösen, mit der es die Schwierigkeiten gibt. Bereiten Sie sich gut vor, und sprechen Sie dann mit dem Kollegen dieser Abteilung, der die gleiche Funktion innehat wie Sie. Erläutern Sie, wo Ihrer Meinung nach die Ursachen für den Konflikt liegen. Entscheiden Sie dabei im Zweifelsfall zugunsten der anderen Abteilung, und übernehmen Sie die Verantwortung für das Verhalten Ihres Teams (geben Sie die Schuld nicht Ihrem Vorgänger, sondern nehmen Sie sie auf sich, auch wenn es nicht gerechtfertigt sein sollte). Erklären Sie Ihrem Gegenüber, was Sie zu tun bereit wären, um die Sache zu bereinigen, und fragen Sie, ob die andere Abteilung im Gegenzug damit einverstanden wäre, ihrerseits entsprechende Schritte zu unternehmen.

Bedenken Sie die Interessen des gesamten Unternehmens

In solchen Fällen sollten für Sie immer die Interessen des gesamten Unternehmens ausschlaggebend sein, nicht die Interessen Ihrer Abteilung und schon gar nicht, was für Ihr Team am leichtesten wäre. Vielleicht wundern Sie sich, daß ich Ihnen rate, die Interessen Ihrer Abteilung denen des gesamten Unternehmens unterzuordnen. Was ist mit all den Büchern, in denen steht, daß es in der Geschäftswelt um Macht geht, daß Sie Ihr Reich vergrößern und seinen Ruf mehren sollen, daß Sie Chefs und andere „Barone“ in Schach halten und

Ihre Machtposition ausbauen sollen, indem Sie knappe Ressourcen für sich beanspruchen?

Die Antwort darauf lautet, daß diese Zeit vorbei ist. So etwas funktioniert heute nicht mehr, außer vielleicht in Firmen, in denen, wie oben beschrieben, der „Nahkampf“ vor dem „Distanzkampf“ kommt. Und selbst wenn es funktionieren könnte, sollte es das eigentlich nicht. Denn das hat nichts mehr mit dem Markt zu tun oder mit dem Wert, den man für sein Geld bekommt, sondern mit der alten Macht der Produzenten und mit althergebrachten Ansprüchen. Und es kommt auch nicht der Zufriedenheit der Beschäftigten zugute.

Führungskräfte (nicht nur auf dem privaten Sektor) sind heute mehr denn je bestrebt, die Bedeutung einzelner Abteilungen eines Unternehmens für den Kunden oder Klienten einschätzen zu können. Sie wollen verstehen, was auf jeder Unternehmensebene passiert, treten gegen die Verschwendung von Ressourcen auf und stellen Qualität und Wert in den Vordergrund. Immer mehr Aufsichtsräte und Vorstände erkennen die Absurdität von Gehalts- und Evaluierungssystemen, die Führungskräfte nach der Zahl ihrer Mitarbeiter oder dem Budget, über das sie verfügen, einstufen.

Das ist ein durchaus vernünftiger Trend, gegen den Sie sich nicht wehren sollten. Im Gegenteil: Er geht in die richtige Richtung, er wird für Sie und Ihre Mitarbeiter zu mehr Zufriedenheit am Arbeitsplatz führen und Ihnen den Weg nach oben ebnen. Vorausgesetzt, Sie besitzen den nötigen Ehrgeiz, werden Sie dann an die Spitze kommen, wenn Sie sich schon frühzeitig auf diesen Zeitpunkt vorbereiten; wenn Sie schon früh beginnen, Entscheidungen so zu treffen, daß sie dem Unternehmen als Ganzes zugute kommen; wenn Sie klar zu erkennen geben, daß Sie immer die Interessen des gesamten Unternehmens im Auge haben. Bei Beförderungen werden sich Ihre Chefs dann leichter vorstellen können, daß Sie für eine Führungsposition geeignet sind. Wie so oft im Leben sind Eigeninteressen (sofern sie langfristig und umsichtig verfolgt werden) und Gemeinwohl kein Widerspruch. Skrupellos sein Revier verteidigen muß nur der, der hilflos in seiner Rolle gefangen ist.

Erarbeiten Sie eine einfache Kosten-Nutzen-Analyse für die zur Diskussion stehenden Punkte, oder schätzen Sie zumindest grob ab, was die Beseitigung eines Problems kosten bzw. einbringen würde. Manchmal sind die Spannungen zwischen Abteilungen durchaus positiv, wenn die Interessen, die beide Seiten wahren wollen, für das Unternehmen gleichermaßen wichtig und legitim sind.

So ist es zum Beispiel ganz normal, daß es zu Spannungen kommt zwischen der Herstellung, die so rationell und billig wie möglich produzieren will, und dem Verkauf, der Sonderwünschen von Kunden entgegenkommen möchte, auch wenn das zusätzliche Kosten bedeutet. In Fällen wie diesen müßte man prüfen, ob sich die zusätzlichen Kosten durch eine Preiserhöhung hereinbringen lassen und/oder ob man durch die Erfüllung von Sonderwünschen den Umsatz merklich steigern könnte, so daß sich die Fixkosten mehr verteilen und die durchschnittlichen Herstellungskosten pro Stück wieder auf dem Anfangsniveau einpendeln. Ist das der Fall, hat der Verkauf recht. Die Herstellung sollte sich dann nicht gegen Sonderwünsche sperren. Ganz im Gegenteil: Umsatz, Marktanteile und Gewinne lassen sich auf diese Weise steigern und die Produktion längerfristig effizienter gestalten. Dafür steht der Verkauf dann aber auch unter Druck, die versprochenen Preis- und/oder Umsatzsteigerungen tatsächlich zu erbringen.

Keine Kompromisse, wenn Sie recht haben

1984 erwog Imperial Foods Limited, ein großer britischer Lebensmittelproduzent, die Einführung neuer Produktlinien – und zwar von Knabbergebäck, Tiefkühlkost und Dosengerichten, wie etwa Bohnen in Tomatensauce –, die kalorienärmer sowie fett- und salzärmer sein sollten. Der Marketingchef versprach sich davon Umsatzsteigerungen und war dafür. Er wollte sich aber nicht auf Zahlen festlegen, weil diese „Märkte" seiner Meinung nach erst im Entstehen begriffen waren. Man könne unmöglich berechnen, wie sich die Nachfrage entwickeln würde, wie sehr Umsatzsteigerungen auf Kosten etablierter Produkte gehen würden und wieviel man der Konkurrenz abringen könne. Der Produktionsleiter war der Ansicht, daß die Nachfrage wahrscheinlich nicht sehr groß sein würde, daß vielmehr Umstellung und Lagerhaltung unvertretbare Kosten verursachen würden. Berechnungen wurden allerdings keine angestellt. Für die Entscheidung gaben letztendlich die Persönlichkeiten der beiden Abteilungsleiter und ihr Einfluß bei der Geschäftsführung den Ausschlag.

In diesem Fall setzte sich der Produktionsleiter durch. Das Unternehmen entschied sich gegen die Einführung der „gesünderen" Produkte. Mehrere Konkurrenten bei Dosengerichten (Crosse & Blackwell, Heinz), bei der Tiefkühlkost (Nestlé) und beim Knabbergebäck (allen voran die Hersteller des Supermarktlabels, etwa United Biscuits) wagten den Sprung ins kalte Wasser, wobei sie sich zum Teil auf Marktforschungsstudien und eine genaue Analyse der Break-even-Punkte stützten. Heute, ein gutes Jahrzehnt später, steht außer Zweifel, daß die Innovationsbereiten recht hatten und Imperial Foods die falsche Entscheidung traf.

Daraus kann man zweierlei lernen. Erstens, daß man Gewinnpotentiale stets auf Basis von Analysen und Marktstudien kalkulieren sollte. Auch wenn das Resultat keineswegs sicher ist, erleichtern Ihnen Analysen die Entscheidung und die Rechtfertigung einer Maßnahme. Zweitens kann man daraus lernen, daß man nicht nachgeben sollte, wenn man von etwas, das im Interesse des ganzen Unternehmens liegt, wirklich überzeugt ist (man muß sich aber auf ein paar Fakten stützen können). Vermeiden Sie unnötige Konflikte, nicht aber notwendige. Der Gewinn für das Unternehmen sollte dabei allerdings so weit wie möglich im Vordergrund stehen.

Selbst wenn Sie diesem Ratschlag folgend „notwendigen Konflikten" nicht ausweichen, müßte es nun insgesamt zu sehr viel weniger firmeninternen Konflikten kommen. Wenn sich in den nächsten paar Wochen kein merkbarer Erfolg einstellt, machen Sie wahrscheinlich etwas falsch.

PROBLEME MIT KUNDEN UND KLIENTEN

Ihre Abteilung hat wahrscheinlich externe Kunden. Wenn nicht, gibt es zumindest Klienten – Leute, die von dem, was die Abteilung tut, einen Nutzen haben und die man insofern als Klienten bezeichnen kann (wenn es nicht einmal Klienten gibt, hat die Abteilung eigentlich keine Existenzberechtigung mehr).

Als erstes müssen Sie feststellen, wer Ihre Kunden oder Klienten genau sind. Am besten teilen Sie sie in eine Haupt- oder Kerngruppe und eine Nebengruppe. Einige Kunden oder Klienten werden wichtiger sein als andere. Die sind Ihre Kerngruppe, Ihre „treuen", regelmäßigen, verläßlichen Stammkunden. Sie sind Ihnen deshalb so treu, weil sie von Ihrem Produkt oder Ihrer Dienstleistung abhängig sind: entweder weil Ihr Produkt oder Ihre Dienstleistung in ihren Augen besser ist als andere (hinsichtlich Qualität, Wert, Kundendienst oder Komfort) oder weil sie kurzfristig wenig oder gar keine andere Wahl haben (was zum Beispiel auf einen Klienten innerhalb des Unternehmens zutreffen kann).

Sie müssen unbedingt die Vorlieben und Abneigungen Ihrer Stammkunden finden – also das, was sie wirklich vom Hocker reißt oder auf die Palme bringt. Führen Sie mit jedem dieser Kunden/Klienten ein persönliches Gespräch. Sie können die Tatsache, daß Sie die Abteilung neu übernommen haben, zum

Anlaß nehmen, sich den Kunden persönlich vorzustellen und bei dieser Gelegenheit herausfinden, wie zufrieden Ihre Kunden sind. Bringen Sie in Erfahrung, was an Ihren Produkten oder Dienstleistungen besonders geschätzt wird und was man in ihren Augen noch verbessern könnte.

Die meisten Kunden, auch wenn sie sich natürlich alle irgendwie unterscheiden und nicht mit anderen in einen Topf geworfen werden wollen, lassen sich in einige wenige Kategorien einteilen. Dabei haben die Kunden einer Kategorie jeweils untereinander viel gemeinsam, unterscheiden sich aber von den Kunden anderer Kategorien. Im Marketingjargon nennt man diese Kundengruppen Segmente. (Die meisten Marketingtheorien gehen von Standardsegmenten aus, die sich nach der sozialen Zugehörigkeit oder dem Lebensstil der Kunden richten, was ungefähr so brauchbar ist wie eine Badehose im Schneesturm.)

Für Tips, wie man Kundeneigenschaften ermittelt bzw. wie man Segmente bestimmt, lesen Sie sich am besten noch einmal das vierte Kapitel durch, vor allem die Seiten 58 ff. und 61 ff. Inzwischen sollten Sie wissen, wer Ihre Stammkunden sind, zu welchem Segment sie jeweils gehören und was für sie die wichtigsten „Kaufkriterien“ sind.

Sie fragen sich jetzt vielleicht, ob es in dem Kapitel nicht eigentlich um die Vermeidung von Konflikten gehen sollte. Ist das nicht etwas ganz anderes? Die Antwort lautet: nein! Was Kunden angeht (und ganz besonders Stammkunden), ist der Angriff die beste und einzige Verteidigung. Sie verlieren Kunden und (reale oder psychologische) Marktanteile, wenn Sie den Kunden nicht geben, was sie haben wollen. Warten Sie nicht, bis sie murren oder (noch schlimmer) einfach gehen. Ergreifen Sie die Initiative, um sie bei der Stange zu halten; in dem Bereich kann man den Absturz nur vermeiden, wenn man in die Offensive geht.

Um Ihre Stammkunden, jeden einzelnen von ihnen, noch stärker an sich zu binden und ihnen möglichst mehr für ihr Geld zu bieten, brauchen Sie einen Aktionsplan. Bill Bain, Chef der Managementberatungsfirma Bain & Co. (in den achtziger Jahren das am schnellsten wachsende und rentabelste Unternehmen dieser Art), war einst im tiefsten Süden der Vereinigten Staaten Vertreter für Bibeln. Er erzählte oft, wie er Kilometer um Kilometer herunterspulte, an unzählige Türen klopfte und vergeblich versuchte, neue Kunden anzuwerben, bis ihm klar wurde, daß eher die Leute etwas kauften, die schon einmal etwas gekauft hatten. Also (so erzählte er es zumindest) begann er, diesen Stammkunden noch eine zweite Bibel zu verkaufen, und hatte Erfolg damit!

Um seinen Stammkunden mehr zu verkaufen, gibt es drei Möglichkeiten: erstens mit besserer Qualität oder besserem Kundendienst aufzuwarten und dafür einen höheren Preis zu verlangen; zweitens mehr von dem gleichen Produkt zu verkaufen (etwa durch Rabatte oder sonstige Vergünstigungen im Gegenzug für größere Abnahmemengen); drittens neue Produkte anzubieten. Überlegen Sie gemeinsam mit Ihrem Team, wie Sie diese drei Möglichkeiten nutzen können.

Legen Sie gemeinsam fest, wer im Team was bis wann zu tun hat, um zusätzliche Umsätze bei Stammkunden zu erzielen. Überprüfen Sie dann regelmäßig Ihre Fortschritte.

Erst dann, und nur dann, sollten Sie sich den Nebengruppen Ihrer Kunden oder Klienten zuwenden. Wie kann man aus ihnen Stammkunden machen? Die Strategie wird im großen und ganzen dieselbe sein wie oben, nur müssen Sie genauer selektieren und sich auf die konzentrieren, die Ihrer Meinung nach und in den Augen Ihres Teams das größte Potential darstellen.

Schließlich und endlich sollten Sie dann auch noch daran denken, ganz neue Kunden oder Klienten zu gewinnen. In diesen zehn Tagen werden Sie dazu wahrscheinlich keine Zeit haben. Planen Sie es aber fest für Ihre zweiten 100 Tage ein.

PROBLEME MIT DER KONKURRENZ

Genauso wie es immer Kunden oder Klienten gibt, gibt es auch immer eine Konkurrenz, entweder innerhalb oder außerhalb des Unternehmens, oder beides.

Schritt 1 ist, daß Sie herausfinden, wer Ihre Konkurrenz ist. Viele Unternehmen sind diesbezüglich erstaunlich blauäugig. Wenn Sie nicht in allen Geschäftsbereichen dieselben Konkurrenten haben, teilen Sie Ihre Bereiche nach den Konkurrenten auf (übrigens oft eine gute Basis für die interne Organisationsstruktur und das Marketing). Geben Sie sich erst zufrieden, wenn Sie für jeden Bereich die wichtigsten (drei, fünf oder zehn) Konkurrenten identifiziert haben. Wenn Sie unsicher sind, welche Sie am ehesten ernst nehmen müssen, stellen Sie sich die folgenden Fragen:

- Wem begegnen wir am häufigsten, wenn wir uns um ein neues Geschäft bemühen?
- An wen haben wir Marktanteile verloren?
- Wer rangiert bei Umfragen unter unseren Kunden auf derselben Stufe wie wir oder vor uns?
- Für wen in meiner Branche würde ich am liebsten arbeiten, wenn ich aus irgendeinem Grund hier das Handtuch werfen sollte?
- Wer bietet die Produkte oder Dienstleistungen an, die sich am ehesten mit unseren vergleichen lassen?

Wenn Sie Ihre Konkurrenten identifiziert haben, folgt **Schritt 2.** Sie müssen objektiv beurteilen, wo Ihre Konkurrenz besser und wo sie schlechter ist als Sie. Stützen Sie sich auf Kundenbefragungen oder ähnliche Bewertungen. Denken Sie in Segmenten: Für welche Kundengruppen sind Ihre Konkurrenten am attraktivsten, für welche am wenigsten interessant?

Schritt 3: Finden Sie heraus, welchen Marktanteil jeder Konkurrent im jeweiligen Segment im Vergleich zu Ihnen hält.

Der relative Marktanteil ist als Maßstab viel brauchbarer als der absolute Marktanteil. Wenn Sie zum Beispiel im Segment A einen Marktanteil von 10 Prozent haben und im Segment B einen von 15 Prozent, schließen Sie daraus vielleicht, daß Ihre Position im Segment B besser ist. Was aber, wenn Ihr Hauptkonkurrent, die Reißzahn GmbH, im Segment A nur einen fünfprozentigen Marktanteil hat, im Segment B dagegen einen Marktanteil von 30 Prozent? (Wobei wir einmal annehmen, daß kein Dritter in einem der beiden Segmente einen größeren Marktanteil hält.) Es dürfte jedem einleuchten, daß Sie in einem solchen Fall, relativ gesehen, im Segment A stärker vertreten sind als im Segment B, trotz Ihres größeren absoluten Marktanteils im Segment B.

Warum? Die Frage ist leicht zu beantworten: Wenn die Kunden die Wahl haben, werden sich im Segment A doppelt so viele für Sie und gegen die Reißzahn GmbH entscheiden, während es im Segment B genau umgekehrt sein wird. Wenn sonst alle Faktoren gleich sind, können Sie folgerichtig im Segment A einen höheren Preis verlangen als die Reißzahn GmbH, und im Segment B wird es genau umgekehrt sein.

Außerdem sollten Ihre Kosten im Segment A niedriger sein als die der Reißzahn GmbH, weil Sie Ihre Fixkosten auf ein größeres Umsatzvolumen verteilen können. Im Segment B sollte wiederum dasselbe für die Reißzahn GmbH gelten.

Wie aus diesem einfachen Beispiel deutlich wird, müßten Sie im Segment A im Vergleich zur Reißzahn GmbH höhere Preise erzielen, niedrigere Kosten haben und mehr Gewinne machen. Und genau die gleichen Vorteile gelten natürlich für die Reißzahn GmbH im Segment B.

Wenn Sie sich nur Ihre eigenen Marktanteile ansehen, werden Sie kaum verstehen, warum das Segment A (Ihr Marktanteil: 10 Prozent) rentabler ist als das Segment B (Ihr Marktanteil: 15 Prozent). Sehen Sie sich aber die relativen Marktanteile an, haben Sie im Segment A die Nase vorn und liegen im Segment B hinter Ihrem Konkurrenten, was die unterschiedliche Rentabilität erklärt.

Der relative Marktanteil ist Ihr Marktanteil dividiert durch den Marktanteil des größten Anbieters im Segment, oder, wenn Sie der größte Anbieter sind, Ihr Marktanteil im Segment dividiert durch den Marktanteil des nächstgrößten Anbieters.

In unserem Beispiel wird Ihr relativer Marktanteil im Segment A folgendermaßen berechnet: Ihr Marktanteil dividiert durch den Marktanteil der Reißzahn GmbH, d. h. 10 Prozent dividiert durch 5 Prozent, ergibt 2 (ausgedrückt als „2x", „zweimal" oder „200 Prozent"). Ihr relativer Marktanteil im Segment B ist 15 Prozent dividiert durch 30 Prozent, also 0,5 (ausgedrückt als „0,5x", „null Komma 5 Mal" oder „50 Prozent").

Umgekehrt beträgt der relative Marktanteil der Reißzahn GmbH im Segment A 5 Prozent dividiert durch 10 Prozent, also 0,5x, und im Segment B 30 Prozent dividiert durch 15 Prozent, also 2x. Der relative Marktanteil ist ein wunderbarer Indikator für die Wettbewerbsfähigkeit eines Unternehmens. Sie sollten Ihre Segmente nach diesem Indikator klassifizieren. Vorausgesetzt, Sie haben die Segmente richtig definiert (und nicht Äpfel mit Birnen vermischt, wenn Sie es mit verschiedenen Konkurrenten zu tun haben), können Sie sich auch noch folgende groben Richtlinien merken:

- Ein relativer Marktanteil von 1,5x oder darüber, d. h., wenn Sie um 50 Prozent stärker sind als alle anderen Anbieter, deutet auf eine marktbeherrschende Position hin. (Was wollen Sie mehr? Sie können wahrscheinlich unverschämt abkassieren.)
- Mit einem relativen Marktanteil von 1x oder darüber, d. h., wenn Sie der größte Anbieter im Segment sind, sind Sie sehr stark und sollten schöne Gewinne machen.
- Ein relativer Marktanteil von über 0,7x, aber unter 1x, läßt immer noch auf eine einigermaßen starke Position schließen.

- Ein relativer Marktanteil von 0,5x bis 0,7x läßt auf eine bescheidene, nicht eben großartige Position schließen.
- Ein relativer Marktanteil von unter 0,3x ist schwach und in der Regel auch unrentabel.

Natürlich ist die Gefahr gegeben, aufgrund einer falschen Segmentierung oder unrichtiger Daten zu falschen Resultaten zu kommen. Grundsätzlich kann man aber davon ausgehen (es sei denn, Nachfrage und Kapazitäten halten sich in Ihrer Branche mehr als üblich die Waage, oder Ihre Branche ist reguliert), daß ein enger Zusammenhang zwischen relativem Marktanteil und tatsächlicher Rentabilität besteht (die wiederum nicht gleich der Rentabilität sein muß, die in Ihren Büchern aufscheint). Zwei Dinge sollen an der Stelle noch kurz erwähnt werden:

- Wenn Sie in einem Segment sehr stark sind (was Ihren relativen Marktanteil angeht), aber keine großen Gewinne zu verzeichnen haben, können Sie durch Preiserhöhungen oder Kosteneinsparungen aller Wahrscheinlichkeit nach Ihre Gewinne ganz beträchtlich steigern.
- Wenn Sie in einem Segment einen sehr kleinen relativen Marktanteil haben, es für Sie aber dennoch ein sehr rentables Segment ist, wird Ihre Gewinnsituation aller Wahrscheinlichkeit nach nicht sehr lange anhalten, wenn Sie nicht Ihren Marktanteil steigern und damit Ihre Position auf die Dauer sichern.

„Das klingt ja alles ganz interessant", wenden Sie jetzt vielleicht ein. „Aber was heißt das mit dem relativen Marktanteil jetzt für mich konkret? Was soll ich tun?"

Ich bin froh, daß Sie das fragen. Es heißt natürlich eine ganze Menge, und Sie können sehr viel tun. Das meiste davon würde aber weit über Ihren Zeitplan für Ihre ersten 100 Tage und den Rahmen dieses Buches hinausgehen. Zum gegenwärtigen Zeitpunkt sind für Sie konkret vor allem zwei Dinge wichtig:

- Konzentrieren Sie sich darauf, Ihre besonders starken Segmente, also die, in denen Sie führend sind und große Gewinne machen, noch weiter auszubauen und Ihre Position dort zu festigen. Auf seinen Stärken aufzubauen bringt am meisten, wie wir schon öfter betont haben. Überlegen Sie sich, wie Sie den Umsatz steigern, die Preise erhöhen, die Kosten senken,

Konkurrenten ausschalten, neue Produkte einführen sowie Kundendienst und Qualität verbessern können. Reinvestieren Sie in Ihren Erfolg.

- Ziehen Sie in Erwägung, sich aus Ihren schwachen Segmenten (mit niedrigem relativen Marktanteil und niedrigen Gewinnen) zurückzuziehen. Verlagern Sie die Schwerpunkte Ihres Teams von solchen Bereichen auf andere. Kümmern Sie sich in diesen Bereichen nicht so intensiv um die Kunden. Erhöhen Sie die Preise, und seien Sie unbesorgt, wenn der Umsatz zurückgeht. Veräußern Sie diesen Tätigkeitsbereich, wenn es möglich ist, oder geben Sie ihn an einen anderen Teil Ihres Konzerns ab, der vielleicht besser dafür geeignet ist.

Schritt 4: Ziehen Sie die Konsequenzen aus den gewonnenen Erkenntnissen und setzen Sie Ihre Entscheidungen um. Übertragen Sie einzelnen Mitarbeitern die Verantwortung dafür, daß bestimmte Resultate erbracht werden.

Was aber, wenn Sie keine externen Konkurrenten haben (worum es in diesem Abschnitt ab Seite 126 in erster Linie ging)? Auch als firmeninterne Kostenstelle, deren Leistungen vom Unternehmen in Anspruch genommen werden, haben Sie zumindest so etwas wie eine „Schattenkonkurrenz“. Diese „Schatten“ sind vielleicht andere Abteilungen oder externe Auftragnehmer, die dieselbe Dienstleistung anbieten könnten. Große Konzerne, Regierungen und kommunale Verwaltungen auf der ganzen Welt greifen in zunehmendem Maße auf externe Auftragnehmer zurück, um mehr Leistung für Ihr Geld zu bekommen und sich Arbeit zu ersparen. Wenn Ihnen keine potentiellen „Schatten“ einfallen, heißt das nicht, daß es sie nicht gibt. Sie haben wahrscheinlich nur nicht genug Phantasie.

Lokalisieren Sie also Ihre Schattenkonkurrenz, die (vielleicht mit etwas anderen Strategien oder Ressourcen) dieselben Leistungen anbieten könnte wie Ihre Abteilung. Sie können sich dann zwischen zwei möglichen Strategien entscheiden.

Die erste Strategie besteht darin, Ihre Leistungen zu bedeutend niedrigeren Kosten zu erbringen oder in erheblich besserer Qualität oder einen wesentlich besseren Kundendienst anzubieten als ein denkbarer Konkurrent. Sie müssen herausfinden, ob das möglich ist oder nicht.

Wenn Sie Ihren „Schatten“ nicht mit fairen Mitteln bekämpfen können, bleibt Ihnen immer noch die zweite Strategie: nämlich sich ihm anzuschließen. Das heißt, daß Sie Ihre Abteilung eventuell mit dem Schattenkonkurrenten verschmelzen. Oder Sie lösen die Abteilung ganz auf und schlagen dem Unternehmen vor, die Leistungen nach außen zu vergeben. Das ist natürlich eine sehr radikale Strategie, für die sich nicht viele von Ihnen entscheiden werden. Trotzdem sollten Sie sie ernsthaft in Erwägung ziehen. In vielen Fällen können „Schatten“ viel bessere oder billigere Leistungen erbringen als firmeninterne Abteilungen, weil Sie ein viel größeres Auftragsvolumen haben, über die bessere Technologie verfügen oder kommerzielle Motive sie zu Höchstleistungen anspornen.

Nur ein Beispiel: Vor 20 Jahren hatte jedes große Unternehmen eine eigene Informationstechnologieabteilung mit eigenen Computern, Operators und Systemtechnikern. Heute geht der Trend sehr stark dahin, daß Systembetreuung und Support an große, spezialisierte Unternehmen abgegeben werden, die Paket- oder Gesamtlösungen für ihre Kunden anbieten. Diese können dafür ihr Kapital und ihre Arbeitskräfte in ihren eigentlichen Tätigkeitsbereichen einsetzen.

Diesen Trend kann man auch in vielen anderen Bereichen beobachten: beim *Human Resources Management* oder im Fertigungsbereich etwa. Verkaufsaußendienst, Verwaltung, Sicherheit, Transportmanagement, Einkauf etc. werden immer öfter extern vergeben. Man kann heute fast jede Leistung von einem Spezialisten meist billiger und in besserer Qualität bekommen.

Viele sind der Meinung, daß sich Mitte des nächsten Jahrhunderts die meisten Unternehmen nur mehr auf einen Kernbereich konzentrieren werden, in dem ihre eigentliche Kompetenz liegt – etwa Marketing, Produktion oder Forschung –, und alles andere außer Haus vergeben wird. Wirtschaftlich gesehen macht das Sinn. Gleichzeitig wird aber Interdisziplinarität zunehmend zum Markenzeichen erfolgreicher Unternehmen, und die Kompetenzbereiche lassen sich immer weniger gegeneinander abgrenzen. Spekulationen dieser Art sind für Ihre unmittelbaren Zwecke vielleicht nicht so relevant. Immerhin mögen sie Ihnen aber als Warnung dienen, sich nicht selbstzufrieden zurückzulehnen, sondern für „Monopolkunden“ mindestens dasselbe zu leisten wie für Kunden, die sich frei zwischen mehreren Anbietern entscheiden können.

Wieder ein Wochenende in Sicht!

Jetzt trennt Sie nur noch unsere gewohnte Checkliste von einem entspannenden Wochenende.

DIE 60-TAGE-CHECKLISTE

Ankreuzen

1. Haben Sie mit allen zurückhaltenderen Teammitgliedern ein ausführliches persönliches Gespräch über deren Ziele, Hoffnungen und Ängste hinsichtlich ihrer Arbeit und ihrer Rolle im Team geführt?

A Ja ☐

B Nicht mit allen, aber mit den meisten ☐

C Nein, dazu war noch keine Zeit oder keine Gelegenheit. ☐

2. Glauben Sie, mehr oder weniger zu wissen, was Ihre Mitarbeiter von Ihnen und voneinander halten?

A Ja ☐

B Bis zu einem gewissen Grad ☐

C Eigentlich nicht ☐

3. Haben Sie Ihre Mitarbeiter gelobt, wann immer es einen Anlaß gab?

A Ja ☐

B Meistens ☐

C Wahrscheinlich nicht ☐

4. Haben Sie spezifische Probleme geortet, die sich in Zukunft mit einzelnen Mitarbeitern ergeben könnten?

A Ja ☐

B Nein

5. Versuchen Sie mit allen Mitteln, Ihre Abteilung zu vergrößern und Ihre Machtposition auszubauen?

A Ja ☐

B Nein ☐

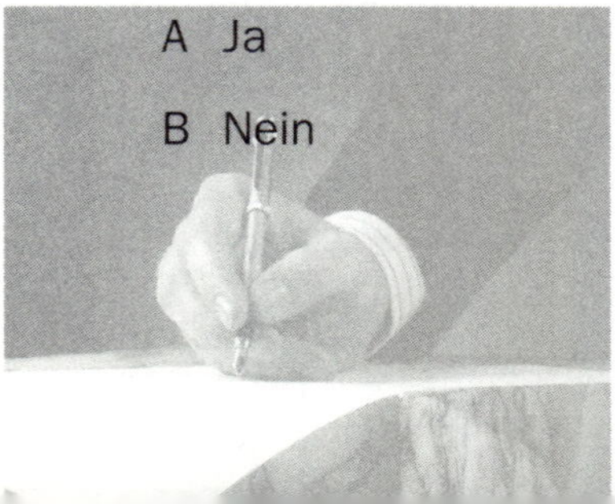

Ankreuzen

6. Haben Sie spezifische Probleme geortet, die sich in Zukunft mit anderen Abteilungen des Unternehmens ergeben könnten?

A Nein ☐

B Ja ☐

7. Haben Sie Ihre Stammkunden identifiziert?

A Nein ☐

B Ja ☐

8. Haben Sie eine ungefähre Vorstellung, wie groß Ihr relativer Marktanteil in allen für Sie wichtigen Segmenten ist?

A Nein ☐

B Ja ☐

9. Wenn Sie in einem Segment einen Marktanteil von 40 Prozent haben, der nächstgrößere Anbieter 30 Prozent und Ihr normalerweise schärfster Konkurrent in diesem einen Segment nur einen Marktanteil von 10 Prozent hält, wie groß ist dann Ihr relativer Marktanteil in dem Segment?

A 1,33x ☐

B 0,67x ☐

C 0,25x ☐

D 4x ☐

E 1,5x ☐

10. Welche Strategie sollten Sie in bezug auf Segmente verfolgen, in denen Sie einen niedrigen relativen Marktanteil haben, aber große Gewinne machen? Ankreuzen

A Absahnen ☐

B Die gegenwärtige Position halten ☐

C Niedrige Priorität einräumen ☐

D Verkaufen, wenn der Preis stimmt ☐

E Das ist beunruhigend, man muß sich die Sache genau ansehen. ☐

F Versuchen, rasch den Marktanteil zu steigern ☐

Berechnung Ihrer Punktzahl

Frage 1, 2 und 3
A: jeweils 10 Punkte
B: jeweils 5
C: jeweils 0

Frage 5, 6, 7 und 8
A: jeweils 0
B: jeweils 10

Frage 9
A: 10
B, C, D oder E: 0

Frage 10
A, B oder C: 0
D, E oder F: 10

Auswertung

90–100 Ihnen gebührt wieder eine Goldmedaille.

70–85 Korrigieren Sie Ihre kleinen Fehler in den nächsten zwei Wochen.

50–65 Lesen Sie das Kapitel noch einmal, und setzen Sie Ihren Zeitplan um zwei Wochen zurück.

0–45 Dafür bekommen Sie nur den Trostpreis. Ich bin Ihnen wohl keine große Hilfe.

KAPITEL 9

Im Brennpunkt: der Gewinn

Das Thema unserer nächsten zwei Wochen ist einfach und schön: Gewinne. Es ist zwar ein kurzes, aber ein besonders wichtiges Kapitel. Manches wird Ihnen sehr simpel vorkommen. Denken Sie in den nächsten zwei Wochen aber doch immer wieder an die Ratschläge, die Sie hier finden, und prüfen Sie, ob Sie sie sich auch wirklich zu Herzen genommen haben und in die Praxis umsetzen.

WENN IHR BEREICH KEIN PROFIT CENTER IST

Kein Grund, sich nicht trotzdem über Profite Gedanken zu machen! Rufen Sie sich die folgende einfache Gleichung ins Gedächtnis:

Gewinn ist gleich Preis minus Kosten mal verkaufte Menge.

Daraus geht klar hervor, daß Sie zu Gewinnsteigerungen auch dann beitragen können, wenn Sie keinen Einfluß auf die Preise bzw. die Einnahmen haben: indem Sie nämlich Ihre Kosten senken.

Kosten kann man immer senken. Vor zwanzig Jahren war es modern, „Erfahrungskurven" zu zeichnen. Die sollten aufzeigen, daß die Kosten sinken, wenn der Umsatz und die fachliche Kompetenz steigen (als Funktion von etwas, das man „akkumulierte Erfahrung" nannte, d.h. die Menge eines Produkts, die insgesamt über die Zeit produziert worden ist, oder die Menge einer Dienstleistung, die insgesamt über die Zeit erbracht worden ist). Als Unternehmensberater war ich von dieser Theorie überzeugt und kam immer wieder zu der scheinbar wissenschaftlichen Erkenntnis, daß die Kosten in dem einen oder anderen Bereich eines Unternehmens um 10 oder 20 Prozent gesenkt werden konnten. Meine Klienten glaubten mir in der Regel und brachten ihre Belegschaft tatsächlich dazu, die Kosten um den festgelegten Prozentsatz zu senken.

Als ich später für eine andere Unternehmensberatungsfirma arbeitete, wurde mir klar, daß ich die Theorie bis dahin falsch angewendet hatte, und kam nun auf andere (meist noch viel höhere) Kosteneinsparungspotentiale. Und siehe da, die Kosten konnten manchmal um bis zu 35 Prozent gesenkt werden.

Die Erfahrungskurven-Theorie steht heute nicht mehr sehr hoch im Kurs. Deshalb ist es auch schwieriger, zu solchen Resultaten zu kommen. Die Theorie, die heute am gängigsten ist, nennt man Benchmarking. Auch mit ihr lassen sich beträchtliche Kosteneinsparungen realisieren.

Ich bin folgender Ansicht (und das ist keineswegs zynisch gemeint): Wenn mehrere Manager in einem Unternehmen der ehrlichen Überzeugung sind, daß beträchtliche Kosteneinsparungen (sagen wir 20 Prozent) möglich sind, läßt sich das in der Regel auch ohne Nachteil für das Unternehmen realisieren. Kosten sind sehr viel variabler, als wir gemeinhin annehmen. Wir lassen es zu, daß sie bis an die Grenzen dessen steigen, was wir uns leisten können. An Kostenreduktionen denken wir normalerweise nur in Krisenzeiten, obwohl sie durchaus auch sonst möglich wären. Damit versperren wir uns beträchtliche Gewinnpotentiale. In Wirklichkeit lassen sich die Kosten nämlich fast immer so weit senken, daß sich das meßbar auf die Gewinne auswirken muß.

Kosteneinsparungen sollten kreativ und mit Freude realisiert werden – als kleinliche allgegenwärtige Routineübungen verfehlen sie ihren Zweck. Dabei bieten sich unter anderem folgende Fragestellungen an:

- Wie hat sich jedes Kostenelement im Laufe der Zeit entwickelt, und zwar sowohl absolut gesehen als auch als Prozentsatz des Umsatzvolumens? Wenn wir vor fünf Jahren mit Gesamtkosten X bzw. einem Prozentsatz Y des Umsatzvolumens leben konnten, warum brauchen wir dann heute mehr?

- Um wieviel würden sich bei einer Umsatzsteigerung von 50 Prozent die Stück- oder Einheitskosten reduzieren (d.h. welche Kosten sind vom

Umsatz unabhängige Fixkosten)? Wieviel könnten wir uns in Form von Preissenkungen, Werbung, höheren Absatzkosten oder Qualitätssteigerung leisten, um die Umsatzsteigerung zu realisieren?

- Tun wir Dinge, die wir einfach lassen könnten, ohne daß das negative Auswirkungen hätte?
- Tun wir Dinge, die wir lassen könnten, wenn wir dafür etwas anderes (Billigeres) täten?
- Könnten wir Kosten senken, wenn wir auf einen Anteil am Gewinn verzichten? Geht das so, daß alle davon profitieren?
- Was würden Sie anders machen, wenn das Unternehmen Ihnen gehörte?
- Wenn das Unternehmen von der Muttergesellschaft unabhängig wäre, wären die Kosten dann höher oder niedriger? Bekommt man von der Muttergesellschaft genug für sein Geld?
- Könnte man mit ein wenig Kreativität manches total anders machen und die Kosten langfristig drastisch senken, auch wenn es kurzfristig Geld kostet?
- Wie können wir nach ersten drastischen Kostensenkungen sicherstellen, daß auch weiterhin die Kosten Monat für Monat auf Einsparungspotentiale hin durchleuchtet und diese Einsparungen dann auch realisiert werden? Wie läßt sich das Kosten- und Wertbewußtsein der Mitarbeiter heben?
- Können wir einen Teil der Kosteneinsparungen an die Mitarbeiter weitergeben, z. B. direkt durch Lohnerhöhungen oder Gewinnbeteiligungen oder indirekt durch Anreize oder angenehmere Arbeitsbedingungen?

Wenn Sie eine Kostenstelle sind, werden Sie nicht nur auf der Kostenseite zu Gewinnsteigerungen beitragen können. Wahrscheinlich können Sie auch auf die anderen beiden Elemente, Preis und Umsatz, Einfluß nehmen.

Bei den meisten Produkten und Dienstleistungen variieren die Preise mehr, als man gemeinhin annehmen würde. Vielfach glauben wir immer noch an das längst überholte Modell des vollkommenen Wettbewerbs, wo alle dieselben Preise, Gewinne und Kosten haben. Dabei wird diese Theorie hinsichtlich aller drei Variablen durch empirische Beobachtungen widerlegt.

Denken Sie nur zum Beispiel daran, zu welch unterschiedlichen Preisen die gleichen Waren in verschiedenen Geschäftstypen verkauft werden. Nicht selten bezahlt man für genau das gleiche Produkt im Laden an der Ecke um

30–40 Prozent mehr als im Supermarkt. Gehen Sie in Ihrem Supermarkt einmal durch die Regalreihen, und achten Sie auf die Preisunterschiede zwischen führenden Markenartikeln und den gleichen Artikeln eines zweit- oder drittrangigen Herstellers (der Unterschied beläuft sich oft auf 10–15 Prozent) oder zwischen einem Markenartikel und dem gleichen Produkt unter dem Label des Supermarkts (oft 25–40 Prozent). Für Händler sowie für Hersteller liegt in den unterschiedlichen Gewinnspannen für „ähnliche“ Produkte ein enormes Potential.

Ich habe oft für Konsumartikelhersteller die Rentabilität einzelner Produktlinien und Absatzmärkte berechnet. Dabei war ich immer wieder genauso überrascht wie die Hersteller selbst, wie groß die Unterschiede sind. Bei einigen Produktkategorien waren Gewinnspannen von 25 Prozent die Regel, während sie mit anderen hohe Verluste machten. Hier liegt ein großes Gewinnsteigerungspotential, indem man nämlich einen größeren Teil seiner Produkte in gewinnbringendere Kategorien verlagert. Wenn das eine etwas bessere Qualität oder etwas besseren Kundendienst voraussetzt (oder auch nur eine bessere Kalkulation!), ist es das wert.

Als Kostenstelle können Sie somit viel zur Qualitätsverbesserung oder zur Verbesserung des Kundendienstes in Bereichen beitragen, in denen es sich lohnt. Lokalisieren Sie diese Potentiale.

Noch mehr Möglichkeiten bietet der Umsatz. Von den drei Faktoren wirkt sich der Umsatz am stärksten auf den Gewinn aus, weil er gleich dreifach wirkt: Erstens wird natürlich die Gewinnspanne um die verkaufte Menge multipliziert; zweitens wirkt er sich über die Zeit gesehen auf Ihre Kosten aus; drittens wirkt er sich auf den Umsatz und die Kosten Ihrer Konkurrenten aus.

Jede Kostenstelle eines Unternehmens sollte überlegen, wie sie zu Umsatzsteigerungen beitragen kann. Auf besseren Kundendienst und/oder bessere Qualität zu setzen ist natürlich wichtig. Doch gibt es auch noch andere Möglichkeiten. Kostenstellen haben oft einen engen Kontakt zu den Kunden, den sie unbedingt nützen sollten: um etwa ein bestehendes Produkt zu verändern, einem Teil des Marktes einen Vorzugskundendienst zu bieten, ein neues Produkt oder eine neue Dienstleistung einzuführen oder einen verwundbaren Mitbewerber durch ein gut getimtes Angebot auszubooten. Das können Sie natürlich nicht alles alleine machen, aber Sie können die Sache sicherlich beschleunigen.

Der Rest dieses Kapitels wendet sich nur an Manager, die direkt für Gewinnsteigerungen verantwortlich sind.

SIND SIE AUCH WIRKLICH GEWINNORIENTIERT?

Das nehmen Sie sicherlich an. Sind Sie es aber auch wirklich? Lesen Sie die folgenden Abschnitte sorgfältig und seien Sie bei der Beantwortung der dort gestellten Fragen ehrlich zu sich selbst. Mit der Checkliste auf Seite 144 können Sie abschließend prüfen, wie ökonomisch Sie tatsächlich denken.

Weniger ist oft mehr

Die meisten sind instinktiv davon überzeugt, daß es dem Unternehmen gutgeht, wenn es expandiert. Die Versuchung zu expandieren, auch wenn man damit nichts verdient, ist groß – vor allem, weil das nicht immer so klar erkennbar ist. Möglichkeiten für eine nichtgewinnbringende Expansion gibt es genug: die Einverleibung einer anderen Abteilung oder Gruppe; die Expansion in einen anderen Bereich der Wertschöpfungskette (zum Beispiel die Rückwärtsintegrierung einer Marketingfirma in die Herstellung oder wenn ein Produzent ein Geschäft aufmacht); die Entwicklung teurer neuer Produkte, die über die Kernkompetenz des Unternehmens hinausgehen; eine amerikanische Niederlassung (häufig ein großer Geldschlucker); eine verlockende Übernahme und noch vieles mehr.

Überlegen Sie, wo Sie stehen, warum Sie dort stehen und ob es (rückblickend) klug war, dorthin zu kommen. Denken Sie daran, daß man durch überlegtes und entschlossenes Handeln das Rad der Geschichte auch wieder zurückdrehen kann. Oft werden zum Beispiel Kostenbeteiligungen als Grund vorgeschoben, daß man etwas nicht rückgängig machen kann. Dabei sind sie gar nicht immer so günstig. Wenn Sie bestimmte Bereiche abgeben, sind Ihre Fixkosten vielleicht plötzlich gar nicht mehr so fix und können drastisch gesenkt werden, um nur noch die verbleibenden Bereiche abzudecken. Außer bei den allereinfachsten Unternehmenstypen gibt es eigentlich immer unrentable Anhängsel, die typischerweise zwischen 20 und 25 Prozent der gesamten Geschäftstätigkeit ausmachen. Überlegen Sie, ob das auf Sie zutrifft.

WISSEN SIE, WIE RENTABEL IHRE PRODUKTLINIE IST?

Mit Produktlinienrentabilität meine ich die Rentabilität jedes wichtigen Bereichs Ihrer Geschäftstätigkeit. Strenggenommen ist damit die Umsatzrendite bzw. Kapitalrendite jedes einzelnen Produkts gemeint.

Man kann darunter auch die Rentabilität per Segment verstehen, wenn es zwischen Segmenten Unterschiede gibt, die zu unterschiedlichen Kosten, Preisen und Gewinnen führen können. Einzelne Segmente umfassen dann z. B. bestimmte Kunden, bestimmte Distributionskanäle, bestimmte Produktqualitäten oder bestimmte Standorte.

Die meisten Unternehmen widmen der Rentabilität ihrer Produktlinien oder Segmente nicht sehr viel Aufmerksamkeit oder ignorieren sie vollständig. Oder sie haben, etwas weniger höflich ausgedrückt, einfach keine Ahnung. Sie wissen vielleicht intuitiv, daß bestimmte Kunden niedrigere Preise zugestanden bekommen oder mehr Kosten verursachen. Die Konsequenzen werden allerdings meist unterschätzt. Viele Manager argumentieren damit, daß es schwierig und auch willkürlich ist, Gemeinkosten und Fixkosten bestimmten Produkten oder Geschäftsbereichen zuzuordnen.

Rentabilitätsanalysen für einzelne Segmente sind manchmal vielleicht wirklich schwierig und auch ein wenig willkürlich. Machen Sie sie aber trotzdem! Ein paar überraschende und brauchbare Resultate kamen bisher immer dabei heraus. Sie profitieren vor allem in zweierlei Hinsicht:

- Sie wissen dann, welcher Bereich der rentabelste ist. Sie können entsprechende Maßnahmen ergreifen, um Ihre Position zu sichern und diesen und ähnliche Bereiche noch weiter auszubauen.
- Sie werden schockiert sein, wie unrentabel manche Segmente sind. Sie können korrigierend eingreifen, indem Sie sich aus diesen Segmenten entweder ganz zurückziehen und so Kosten sparen oder indem Sie in den Segmenten die Preise hinaufsetzen bzw. die Kosten senken.

DENKEN SIE LANGFRISTIG?

Sie sollten wissen, wo Sie mit dem Unternehmen oder der Abteilung in fünf oder zehn Jahren stehen wollen. Um dorthin zu kommen, müssen Sie nicht nur große Sprünge nach vorne machen, sondern auch im Kleinen kontinuierlich schrittweise Verbesserungen vornehmen. Hier ist eine Liste der Dinge, über die Sie sich Gedanken machen sollten:

- *Qualität.* Wie kann man sie verbessern?
- *Kundendienst.* Wie kann man Kunden wirklich zufriedenstellen?
- *Technologie.* Wie sehr können Sie vom Umstieg auf eine andere Technologie profitieren?
- *Umsatz.* Welchen Marktanteil haben Sie gegenwärtig, und welchen brauchen Sie, um eindeutiger Marktführer zu sein? Ist das insgesamt oder zumindest in einigen Segmenten machbar? Überprüfen Sie regelmäßig Ihren Marktanteil und Ihren relativen Marktanteil in jedem Segment? Haben Sie ein Frühwarnsystem, das anzeigt, wenn Sie Marktanteile verlieren oder Ihre Position gefährdet ist?
- *Mitarbeiter.* Wie bekommen Sie die besten Leute in Ihrem Bereich, und wie können Sie sie halten?
- *Wettbewerb.* Wie können Sie Mitbewerbern das Leben schwermachen und ihnen immer eine Nasenlänge voraus sein?
- *Kosten.* Wie hoch sollten Ihre Stück- oder Einheitskosten in einem Jahr bzw. in fünf Jahren, in zehn Jahren sein? Wie können Sie einen kontinuierlichen Kosteneinsparungskurs in Gang bringen und in Gang halten?
- *Preise.* Wie können Sie sich durch höhere Preise, ohne aber Marktanteile zu verlieren, einen relativen Preisvorteil verschaffen? Wie können Sie (durch die Einführung von Markenartikeln, hochwertigen Kundendienst oder Kreativität) den Wert dessen, was Sie anbieten, in den Augen Ihrer Kunden steigern, so daß Sie einen höheren Preis verlangen können, ohne daß aber Ihre Kosten entsprechend steigen?

INVESTIEREN SIE GENUG?

Man gibt schnell zuviel aus. Zuviel investieren ist dagegen gar nicht so einfach. Wo liegt der Unterschied zwischen Ausgeben und Investieren?

Von Ausgaben spricht man, wenn nach Ablauf einer bestimmten Zeit kein Restnutzen mehr übrig ist. So gibt man zum Beispiel Geld für höhere Löhne aus, für mehr Arbeitskräfte, eine einmalige Werbekampagne oder die vielen scheinbar unveränderlichen Fixkosten.

Durch Investitionen schaffen Sie sich dagegen im Laufe der Zeit hinsichtlich Qualität, Kundendienst oder Kosten einen meßbaren und nicht unwesentlichen Vorsprung vor Ihren Konkurrenten. Das können Investitionen in eine neue Generation von Produktionsmaschinen sein, in Informationstechnologie, Materialtechnologie, in Markenimage und -identität, in die Qualifizierung Ihrer Mitarbeiter bzw. ihre Fähigkeit, mit Veränderungen zurechtzukommen, in die Lernfähigkeit des Unternehmens, in strategische Allianzen mit anderen Firmen oder in sonst irgend etwas, was in der Zukunft einen höheren Marktanteil und höhere Gewinne bringt.

Als Pseudoinvestitionen bezeichnet man Ausgaben für Dinge, durch die sich der Wettbewerbsvorteil nicht greifbar oder meßbar verändert. Ob man etwas als Investition und Pseudoinvestition bezeichnet, hängt davon ab, ob die Rechnung voraussichtlich aufgeht oder nicht. Das ist oft eine Sache des Standpunkts oder sogar Glaubenssache. So kann man Entscheidungen von Unternehmen wie Procter & Gamble Ende des 19. Jahrhunderts und dann wieder während der Depression in den dreißiger Jahren, Arbeitsplätze weitgehend zu garantieren, entweder als Investitionen oder als Pseudoinvestitionen bezeichnen. Die Beurteilung hängt letztlich davon ab, ob man damals erreichte, die besten Leute für das Unternehmen zu interessieren, einzustellen und zu behalten und auch aus ihnen das Beste herauszuholen, was wiederum der Leistung des Unternehmens sowie seinem Verhältnis zu Kunden zugute kommen mußte. Vom heutigen Standpunkt aus würden die meisten Experten wohl sagen, daß P & G und eine Reihe anderer Unternehmen dies erreicht haben und damals gute Investitionen getätigt haben.

WAS HINDERT DIE GEWINNSTEIGERUNG?

In der Regel lassen wir unserer Phantasie nicht genug freien Lauf und finden uns mit den Karten ab, die man uns austeilt. Als frischgebackener Chef sollten Sie sich aber wehren und fragen: „Warum sollte mein Team den Gewinn nicht verdoppeln/verdreifachen/vervierfachen?“ Was hindert Sie daran?

Stellen Sie sich vor, Sie hätten so viele Ressourcen zur Verfügung, wie Sie wollen – keine künstlichen Beschränkungen, was Leute oder Geldmittel anbelangt, keine organisatorischen Barrieren für das, was Ihr Team leisten könnte. Die einzige Bedingung, die Sie erfüllen müßten, wäre, mit Ihrem Team und den Ressourcen einen angemessenen Profit zu erwirtschaften.

Was würden Sie damit alles tun? Schrecken Sie nicht vor notwendigen Investitionen zurück, auch wenn sie sich erst in fünf oder zehn Jahren rentieren. Machen Sie sich an diesem Punkt auch keine Sorgen, selbst wenn Sie die vom Unternehmen gesetzte Rückzahlungsfrist um einiges überschreiten müßten oder die Aktienerträge „mehr als tolerierbar“ verwässert würden u.ä.

Zögern Sie nicht, wenn Sie von einer Investition wirklich überzeugt sind. Überlegen Sie, wie Sie die unternehmensinternen Kontrollmechanismen von Ihrem Weg überzeugen können. Allerdings müssen Sie sich hundertprozentig sicher sein, daß es kein Egotrip ist, sondern Sie im Interesse langfristiger Unternehmensgewinne handeln. Dann werden Sie auch die nötige Begeisterung und unternehmerische Vision aufbringen, um sich die Unterstützung Ihrer Kollegen zu sichern.

IHR TEAM, DIE GEWINNE UND SIE

In diesem Kapitel ging es hauptsächlich um Sie als Chef und kaum um Ihr Team. Wahrscheinlich haben Sie mit Ihren Mitarbeitern deshalb auch nicht darüber gesprochen, was Ihnen in bezug auf Gewinnsteigerungspotentiale in diesen zwei Wochen durch den Kopf gegangen ist. Das macht nichts. Allerdings sollten Sie jetzt alles aufschreiben, was Sie dazugelernt haben. Dazu gehören Ihre Einschätzungen und welche Informationen und Analysen Sie brauchen, um Ihre Hypothesen zu untermauern oder zu widerlegen. Besprechen Sie dann alles mit Ihrem Team. Sie und Ihr Team müssen stets gewinnorientiert sein. Wenn es nach diesen zwei Wochen noch ein paar ungeklärte Fragen gibt (wie etwa die Segmentrentabilität), ist das nicht weiter schlimm. Vielleicht hilft es Ihnen auch, wenn Sie dieses Kapitel später noch hin und wieder zu Rate ziehen, um sicherzugehen, daß Sie auch wirklich auf langfristige Gewinne hinarbeiten.

DIE 70-TAGE-CHECKLISTE

1. Nennen Sie die drei Elemente der Gewinn-Dreiheit.

2. Welches Element ist das wichtigste, und warum?

3. Haben Sie eine Kostenanalyse durchgeführt? Um wieviel können die Kosten Ihrer Meinung nach gesenkt werden?

4. Haben Sie Maßnahmen zur Kostensenkung eingeleitet?

5. Wissen Sie in etwa, wie es mit Ihrer Produktlinien- und Segmentrentabilität aussieht? Wenn nicht: Sind Sie dabei, sich die notwendigen Informationen zu beschaffen?

6. Was ist der Unterschied zwischen Investitionen und Kosten bzw. Pseudoinvestitionen?

7. Stimmen Sie zu, daß sich Gewinnsteigerungen am besten durch regelmäßige Analysen und große Sprünge nach vorne erzielen lassen?

8. Haben Sie Ihre Erkenntnisse in bezug auf Gewinnpotentiale mit Ihrem Team besprochen?

Anmerkung: Vielleicht wundern Sie sich, daß Sie diesmal keine Multiple-choice-Fragen präsentiert bekommen. Aber es steht zu befürchten, daß viele von Ihnen bei den bisherigen Checklisten die richtigen Antworten eher erraten als gewußt haben. Decken Sie deshalb nun die Lösungen unten ab, und schreiben Sie Ihre Antworten unter die jeweilige Frage oder auf ein extra Blatt Papier. Berechnen Sie dann wie gewohnt Ihre Punktzahl.

Berechnung Ihrer Punktzahl

1. Preis, Kosten und Umsatz. Sie bekommen zehn Punkte für jedes richtig genannte Element.
2. Der Umsatz. Weil er sich auf den Gewinn dreifach auswirkt: Er multipliziert die Gewinnspanne, wirkt sich auf die Kosten und auf die Konkurrenten aus. Sie bekommen zehn Punkte, wenn Sie die Frage in etwa so beantwortet haben, und fünf Punkte, wenn Sie nur den Umsatz als wichtigsten Faktor genannt, das aber nicht begründet haben.
3. Die richtige Antwort lautet: ja, und zwar um mindestens 20 Prozent. Sie bekommen dafür zehn Punkte.
4. Sie bekommen zehn Punkte, wenn Sie diese Frage ehrlich mit Ja beantworten können.
5. Sie sind sehr schnell, wenn Sie die erste der beiden Fragen mit Ja beantworten konnten. Jedes Ja auf eine der beiden Fragen bringt Ihnen zehn Punkte.
6. Eine Investition bringt für die Zukunft einen echten Wettbewerbsvorteil. Der Unterschied ist, ob es in der Praxis auch funktioniert. Sie bekommen zehn Punkte, wenn Sie die Frage in etwa so beantwortet haben.
7. Die richtige Antwort lautet nein. Wie wir vor allem von den Japanern lernen können, faßt man die Rentabilitätssteigerung am besten als kontinuierlichen Prozeß kleiner Schritte auf, als eine Lebensanschauung. Große Sprünge nach vorn sind manchmal auch am Platz,

reichen aber nicht aus. Zehn Punkte, wenn Sie die Frage mit Nein beantwortet haben.

8. Die richtige Antwort lautet natürlich ja. Noch besser wäre eine Antwort wie: „Nein, denn die meisten Erkenntnisse haben sich eigentlich bei Diskussionen mit dem Team ergeben." Zehn Punkte für eine der beiden Antworten.

Auswertung

85–100 Mir gehen langsam die Komplimente aus. Sie haben gute Aussichten, den Kursus mit Auszeichnung zu bestehen. Setzen Sie Ihre Erkenntnisse unbedingt in die Praxis um.

70–80 Nicht schlecht. Sehen Sie sich genau an, wo Sie Punkte verloren haben und warum.

50–65 Nehmen Sie noch einen Anlauf.

0–45 Sie passen eher in einen Beamtenapparat aus der Kaiserzeit.

KAPITEL 10

Aus Fehlern lernen

Wenn Sie Ihren Job ernst nehmen, werden Sie inzwischen schon ein paar größere Fehler gemacht haben. Fehler gehören dazu, wenn man es zu etwas bringen will: weicht man jeder Herausforderung aus, wird man kaum Fehler machen; wagt man sich dagegen an schwierige Aufgaben heran, muß man fast zwangsläufig hier und da scheitern.

Fehler sind ein kräftiges Lebenszeichen, viele Menschen begreifen aber nicht, wie wertvoll sie tatsächlich sind. Nutzen Sie die nächsten zwei Wochen und rekapitulieren Sie, welche Fehler Sie bisher gemacht haben und welche möglicherweise noch auf Sie warten. Überlegen Sie erst für sich allein und dann gemeinsam mit Ihrem Team, was Sie aus diesen Fehlern für Ihre zukünftige Arbeit lernen können.

AUCH RÜCKSCHLÄGE HABEN IHR GUTES

Rückschläge sind aus drei Gründen wertvoll. Erstens enthalten sie wertvolle Informationen. Machen Sie etwas auf die eine Art, werden Sie scheitern; machen Sie es anders, werden Sie wahrscheinlich Erfolg haben. Die Interpretation solcher Daten ist eine Kunst, die nur wenige beherrschen; wer sie aber beherrscht, hat einen großen Vorteil auf seiner Seite. Durch Mißerfolge erfahren Sie mehr über die Realität als durch Erfolge. Nehmen Sie negatives

Feedback ernst. Lernen Sie, Feedback richtig zu interpretieren, und bringen Sie das auch Ihrem Team bei.

Zweitens – auch wenn es sich wie ein Klischee anhört – haben Mißerfolge den Vorzug, daß man an ihnen wachsen kann. Den Weg jedes erfolgreichen Mannes und jeder erfolgreichen Frau säumen Mißerfolge; in jedem Roman gibt es dramatische Wendepunkte zum Guten wie zum Bösen. Genauso haben Sie, wenn Sie Ihr Glück verläßt, die Chance, innerlich zu wachsen. Die Chance zu lernen, nach Rückschlägen wieder auf die Beine zu kommen, weiterhin nach Leistung zu streben, Selbstwertgefühl und Integrität zu entwickeln. Wenn alles schiefgeht, sind Sie wieder auf das angewiesen, was Sie gut können, was Sie für andere Menschen tun und zum Allgemeinwohl beitragen können. Sie müssen das Beste aus Ihren Reserven machen. Ein Leben voller mühelos erzielter Erfolge ist zudem ein Nährboden, auf dem Selbstgefälligkeit, Hochmut und Oberflächlichkeit allzu gut gedeihen.

Drittens helfen einem Mißerfolge, Verbündete zu finden. Die meisten sind in einem Bündnis nicht gern die unterlegenen Partner. Jeder hat gern das Gefühl, daß der andere genauso von ihm abhängig ist wie umgekehrt, wenn nicht sogar noch mehr. Es ist vielleicht nicht gerade ein sehr schöner Zug, aber wer freut sich nicht, wenn auch erfolgreiche Menschen (oder Unternehmen) hie und da auf einer Bananenschale ausrutschen? Uns ist der „Underdog", der Unterlegene, sympathischer als der „Overdog", der Überlegene. Da es in einem Unternehmen (wie auch sonst im Leben) wichtiger ist, was andere für einen tun können, als was man für sich selbst tun kann, ist es oft gar nicht schlecht, in die Rolle des Unterlegenen zu schlüpfen, der einen aussichtslosen Kampf gegen einen besser plazierten Rivalen führen muß.

Das Problem ist, daß Mißerfolge mit einem Stigma behaftet sind. Die meisten Menschen blühen auf, wenn sie Erfolg haben. Kaum jemand blüht auf, wenn etwas danebengeht. Wir haben Angst, Mißerfolge nicht verkraften zu können, und greifen deshalb zu gefährlichen Verteidigungsmechanismen, die uns blind machen gegenüber den Möglichkeiten, die Mißerfolge bieten. Wir wischen Mißerfolge vom Tisch, weigern uns, darüber nachzudenken oder auch nur in Erwägung zu ziehen, daß wir uns geirrt haben, und machen lieber andere für unser Versagen verantwortlich (einen Sündenbock zu finden ist leicht – außer vielleicht in einem Kloster). Auf diese Weise bringen uns Mißerfolge nicht aus dem Konzept, sie haben aber auch keinen Wert mehr. Mißerfolge oder Versagen zu leugnen ist ein Zeichen der Schwäche, nicht der Stärke. Sie sollten auf Ihre Fehler stolz sein und darauf, aus ihnen für die Zukunft lernen zu können.

IHRE ZEHN BESTEN MISSERFOLGE

Genug gepredigt: Fangen wir an. Machen Sie eine Liste mit Ihren 10 „besten“ beruflichen Mißerfolgen, einschließlich all jener, die Sie in Ihren ersten 70 Tagen als neuer Chef einstecken mußten. Wenn Sie nicht auf zehn kommen, greifen Sie auf Ihren letzten Job zurück. Mit den „besten“ Mißerfolgen meine ich Mißerfolge in großem Maßstab bzw. Mißerfolge, aus denen Sie Ihrer Meinung nach beruflich am meisten über sich gelernt haben.

Notieren Sie bei jedem Mißerfolg, worin er bestand und welche Folgen er hatte. Analysieren Sie dann die drei wichtigsten Gründe für Ihre Mißerfolge. Jeder Grund sollte eine Ihrer besonderen Schwächen widerspiegeln, die sich in Fehleinschätzungen oder falschen Handlungen niedergeschlagen hat. Gründe (Ausreden?) wie „Pech“ oder „die Dummheit jemandes anderen“ gelten nicht, weil Sie, selbst wenn sie zutreffen, daraus nicht sehr viel lernen werden. (Wohl gelten Begründungen wie „zu großer Optimismus meinerseits“ oder „auf Herrn X verlassen, der nicht liefern konnte, was er versprochen hatte“.) Überlegen Sie gleichzeitig aber auch, was zu dem Erfolg gefehlt hat. Die folgende Aufzählung enthält Gründe, die zu Mißerfolgen beitragen können. Weisen Sie den Mißerfolgen auf Ihrer Liste die entsprechenden Buchstabencodes (auch mehrere) zu, und kreisen Sie den jeweils wichtigsten Grund ein:

ÜO	Übergroßer Optimismus	Aufgabe für viel zu leicht gehalten
ZB	Zwischenmenschliche Beziehungen	Nicht genug bemüht oder nicht genug Geschick, um andere zu überzeugen
UI	Ungenügende Information	Entscheidung gefällt, obwohl wichtige Informationen fehlten
UR	Ungenügende Ressourcen	Nicht genug Ressourcen für eine Aufgabe zur Verfügung gestellt
UQ	Ungenügende Qualifikationen	Nicht dafür gesorgt, daß Team ausreichend qualifiziert war
ÜD	Übermäßig delegiert	Team zu viel Freiraum gelassen
UA	Ungenügende Analyse	Mangelnde Systematik in der Vorbereitungsphase

SA	Schlechte Ausführung	Gedanke zwar richtig, aber schlecht ausgeführt
VV	Verlaß auf Verbündete	Anderen vertraut (nicht Ihrem Team), die Erwartungen nicht erfüllten
FZ	Falsches Ziel	Das Falsche zu tun versucht

Sie können Ihren Mißerfolgen beliebig viele Gründe zuweisen, vergessen Sie aber nicht, den wichtigsten Grund jeweils zu markieren. Fügen Sie weitere Gründe und Codes hinzu, die für Ihren Bereich relevant sind.

Zählen Sie am Schluß zusammen, wie oft jeder Grund vorkommt und welcher von ihnen wie oft der wichtigste (markiert) ist.

Nun haben Sie einen wertvollen Überblick über Ihre häufigsten Fehler. Daraus können Sie vor allem ersehen, was Sie hätten anders machen können, was anstatt zu einem Mißerfolg zu einem Erfolg geführt hätte.

Erkenntnisse für Ihr Team

Wenn Sie finden, daß das eine hilfreiche Übung war, dann berufen Sie im Laufe dieser vierzehn Tage eine Versammlung Ihres Teams ein. Wenn Sie sich trauen, präsentieren Sie Ihren Mitarbeitern die „Anatomie" Ihrer Mißerfolge (gegebenenfalls entsprechend redigiert!). Lassen Sie die Mitarbeiter dann reihum ihre drei größten eigenen Mißerfolge aufzählen sowie die in ihren Augen drei größten Mißerfolge des gesamten Teams, seit Sie es übernommen haben. Dann bitten Sie sie, diese Mißerfolge nach obigem Muster zu analysieren.

Sie können Ihren Mitarbeitern die Entscheidung überlassen, ob sie ihre drei größten Mißerfolge bekennen wollen. Bestehen Sie aber in jedem Fall darauf, daß sie die Mißerfolge des Teams benennen und analysieren. Beenden Sie die Diskussion nicht, ohne konkrete Schritte zu nennen, die das Team als Ganzes und auch einzelne Mitarbeiter ergreifen können, um Mißerfolge in der Zukunft möglichst auszuschließen.

Sie werden sehen, daß Ihre Mitarbeiter dann über potentielle Fehler oder Mißerfolge debattieren werden, also über Dinge, die noch nicht schiefgegangen sind, von denen aber mehr als ein Mitarbeiter befürchtet, daß sie schiefgehen könnten. Die Versammlung kann diesbezüglich also sehr produktiv sein, dadurch, daß man diskutiert, wie sich die Erfolgschancen verbessern lassen könnten.

ÄUSSERE GRÜNDE FÜR MISSERFOLGE

Bisher haben wir uns darauf konzentriert, inwiefern Sie und Ihr Team für Mißerfolge verantwortlich sind. In gewisser Hinsicht sind Sie tatsächlich immer dafür verantwortlich und können immer etwas daraus lernen. Als Chef sollten Sie Mißerfolge aber zusätzlich (nicht: statt dessen!) auf äußere strukturelle Ursachen untersuchen. Das ist auch wichtig. Lesen Sie die folgenden fünf Punkte durch, die die wichtigsten strukturellen Ursachen für Mißerfolge nennen, und überlegen Sie, ob es Parallelen zu Ihrer eigenen Erfahrung gibt und wie Sie diese Fallen möglichst vermeiden können.

Reaktionäre Kräfte

Wenn Sie versuchen, etwas Neues einzuführen oder etwas anders als Ihr Vorgänger zu machen, müssen Sie damit rechnen, daß „reaktionäre Kräfte" Ihre Initiativen blockieren und mit heftigem Widerstand reagieren. Die Reaktionäre können sich innerhalb oder außerhalb des Unternehmens finden: Es können Ihre eigenen Mitarbeiter sein, Ihre Vorgesetzten, Ihre Kollegen, jemand in der Branche, der ganz bestimmte Interessen verfolgt, Konkurrenten, Behörden – oder sonst jemand!

Als erstes müssen Sie diese reaktionären Kräfte erkennen. Machen Sie sich über deren Existenz oder Einfluß keine Illusionen, sonst werden Sie binnen kurzem in die Knie gezwungen. Halten Sie mindestens ebenso intensiv Ausschau nach Opposition wie nach Unterstützung.

Beurteilen Sie dann in einem zweiten Schritt objektiv, wie stark die jeweilige Opposition ist, weshalb sich jemand gegen Veränderungen wehrt und wo die Schwächen desjenigen liegen: Lokalisieren Sie seine verwundbaren Stellen.

Drittens müssen Sie, wenn es mehr als eine reaktionäre Kraft gibt, verhindern, daß diese sich gegen Sie verbünden. Sie sollten möglichst nichts voneinander wissen. Wenn sich das nicht verhindern läßt und da diese Kräfte im Verbund bedeutend gefährlicher sind, überlegen Sie, wie Sie die Kraft, die sich am leichtesten neutralisieren läßt, für sich gewinnen, loskaufen oder vernichtend schlagen können.

Viertens müssen Sie sich für alle noch verbleibenden oppositionellen Kräfte eine Strategie überlegen. Grundsätzlich haben Sie fünf Möglichkeiten, nämlich: Frontalangriff, Umschiffung, Kompromiß, Kapitulation oder Abwarten.

- Ein Frontalangriff ist nur dann ratsam, wenn Sie sicher sind, daß Sie gewinnen werden, oder wenn die Sache so wichtig ist, daß eine Niederlage einem Kompromiß vorzuziehen wäre.
- Oft ist es sehr effektiv, einen Widerstand zu umschiffen. Das heißt, daß man die reaktionären Kräfte möglichst nicht herausfordert und scheinbar sogar nachgibt, während man versucht, seine Ziele auf anderem Wege zu erreichen. Ein Beispiel wäre, wenn Sie Ihren Vertretern, die ein neues Produkt nicht verkaufen wollen, nachgeben, dafür aber über firmenexterne Auftragnehmer eine Direct-Mail-Kampagne starten.
- Verachten Sie nicht die Option, sich auf einen Kompromiß einzulassen. Viele Ziele lassen sich erreichen, wenn man ihnen nur das richtige ideologische Mäntelchen umhängt. Politiker haben daraus eine Kunst gemacht. Macmillan zog sich vom Suezkanal zurück, ohne deshalb seine feindliche Position aufzugeben; Nixon tat dasselbe in Vietnam. Für viele ist allein die Vorstellung, daß sich etwas verändert, viel abschreckender als die Veränderung selbst. Sich nach außen hin mit einer bestimmten Linie einverstanden zu erklären und zugleich still und heimlich seine eigenen Ziele zu verfolgen, ist oft eine sehr effektive Strategie.
- Kapitulieren Sie, wenn die Opposition zu stark ist. Grundsätzlich sollten Sie als Führungskraft natürlich nicht zugeben, daß Sie sich geirrt haben, auch wenn Sie insgeheim Ihre Meinung geändert haben. Eine Niederlage in Ehren einzugestehen ist jedoch besser, als zusehen zu müssen, wie Ihre Truppen vernichtet werden.
- Vergessen Sie nicht die letzte Möglichkeit: nämlich abzuwarten. Vielleicht ist es der falsche Zeitpunkt, angesichts der gegnerischen Überlegenheit alles zu riskieren, und deshalb ein taktischer Rückzug vorläufig das beste. Wenn Sie weiterhin davon überzeugt sind, daß Sie recht haben, warten Sie auf eine neue Chance. Aller Wahrscheinlichkeit nach ändern sich die Machtkonstellationen und die Strategien irgendwann, und Ihr Gegner ist nicht mehr wie früher in der Lage oder bereit, Ihre Reformen zu blockieren. Schlagen Sie erst zu, wenn Ihr Gegner schwach, kompromißbereit oder am wenigsten darauf vorbereitet ist.

FEHLGESCHLAGENE MARKTINITIATIVEN

Was, wenn einer Initiative, die Sie in Hinblick auf einen bestimmten Kunden oder Markt gestartet haben, nur Mißerfolg beschert ist? Dann sollten Sie sich und Ihrem Team als erstes zu dem Mißerfolg gratulieren: zumindest haben Sie es versucht, und Sie wollen sich ja nicht den Appetit auf einen weiteren Versuch verderben.

Das Wichtigste ist, sich die zwei Hauptgründe für den Mißerfolg klarzumachen. Vielleicht war erstens die Initiative für den angepeilten Markt nicht attraktiv genug, deshalb wurde das Produkt nicht ausreichend verkauft. Zerlegen Sie die „Initiative" in ihre Bestandteile, wie Preis, Qualität, Service usw., um die Schwachstellen zu finden. Vergessen Sie nicht, daß Sie gegen die Trägheit der Käufer ankämpfen und die „Umstiegskosten" auf ein neues Produkt einkalkulieren müssen. Deshalb müssen Sie bedeutend mehr bieten als die Konkurrenz, um dieser Marktanteile abzuknöpfen. In dem Fall müssen Sie sich noch einmal ans Reißbrett setzen, diesmal aber mit den relevanten Informationen, die Sie durch den Mißerfolg bekommen haben. Das nächste Mal werden Sie dann bessere Chancen auf Erfolg haben.

Zweitens haben Sie vielleicht nicht genügend Mühe und Mittel aufgewendet, um das neue Produkt in weiten Kreisen bekannt zu machen. Vielleicht hat das Produkt den meisten, die es probeweise gekauft haben, zugesagt, und es wurde auch weiter gekauft, doch waren das einfach zu wenige Menschen. Das würde bedeuten, daß Sie grundsätzlich auf dem richtigen Weg sind, aber nicht genug Mühe und Geld in Werbung und Vertrieb investiert haben. Dieses Problem läßt sich aber leicht lösen, auch wenn Sie dafür ein Joint Venture mit jemandem eingehen müssen, der über einen besseren Vertrieb verfügt, oder Ihre Gewinne mit einem größeren Bruder teilen müssen. Prüfen Sie, ob das auf Sie zutrifft. Wenn ja, machen Sie nicht den Fehler, Ihr Produkt umzumodeln – das wäre nur eine Verschwendung von Kraft und Mitteln, und Sie würden letztendlich wieder scheitern.

VON DER KONKURRENZ LAHMGELEGT

Oft werden Initiativen sehr schnell von der Konkurrenz lahmgelegt. Zum Beispiel kann es passieren, daß eine kleine Bank „kostenlose" Bankgeschäfte anbietet oder sich entscheidet, an Samstagen offenzuhalten, nur um eine Woche später feststellen zu müssen, daß die größte Sparkasse am Ort plötzlich dasselbe anbietet. Oder eine Firma lanciert ein revolutionäres neues Kosmetikprodukt in einem Testgebiet, woraufhin die Konkurrenz das Gebiet plötzlich mit Sonderangeboten und Vertretern überschwemmt, nur um zu verhindern, daß das neue Produkt Fuß faßt.

Derartige Reaktionen der Konkurrenz, vor allem Nachahmungsaktionen, sind in gewisser Weise natürlich ein Tribut an den Erfinder. Allerdings schützen sie ihn nicht davor, vom Markt verdrängt zu werden, was genau die Absicht der Konkurrenz ist. Es darf also möglichst gar nicht erst zu solchen Reaktionen kommen. Das können Sie auf zweierlei Weise verhindern: durch Geheimhaltung und durch List.

Mit Geheimhaltung ist gemeint, daß Sie Ihren Erfolg vor der Konkurrenz verbergen, indem Sie Ihre Siege in kleinen oder vernachlässigten Märkten feiern, die von der Konkurrenz nicht sehr stark frequentiert werden, für die kaum Marktstudien durchgeführt werden und über die kaum berichtet wird. Wenn man Sie dennoch wahrgenommen hat, versuchen Sie, das Ausmaß Ihres Erfolges geheimzuhalten, um solchen Reaktionen vorzubeugen.

Ich weiß noch, wie erstaunt ich war, als ich 1980 dahinterkam, daß Bain & Company, eine sehr schnell wachsende amerikanische Managementberatungsfirma, in einem Bürogebäude in Boston fünf Stockwerke belegt hatte. Das Firmenschild war nur im dritten Stockwerk angebracht, und der gelegentliche Besucher mußte den Eindruck gewinnen, die Firma hätte nur ein Stockwerk inne. Ich sagte, das würde dem Geschäft schaden, weil potentielle Klienten die Firma für viel kleiner hielten, als sie in Wirklichkeit war. Der Firmengründer korrigierte mich: „Stimmt, aber das gilt auch für die Konkurrenz. Wir wollen die Boston Consulting Group überholen, bevor die überhaupt merken, daß wir in ihrer Nähe sind."

Die zweite Strategie besteht darin, durch eine List unwillkommene Reaktionen für die Konkurrenz sehr teuer zu machen. Für kleine oder neue Unternehmen klingt das vielleicht nach einem lächerlich hochgesteckten Ziel. Die kleine Größe hat aber, wenn man sie nur geschickt einsetzt, ihre Vorteile. Stellen Sie sich zum Beispiel vor, Sie können eine „einmalige" Lieferung eines Produktes sehr viel billiger als der übrige Markt einkaufen und damit eine begrenzte Nachfrage abdecken. Stellen Sie sich weiter vor, daß der Markt sehr preisempfindlich ist. Sie können nun mit einem beispiellos günstigen Einführungsangebot auf den Markt stürmen und bei den Konsumenten den Eindruck erwecken, daß Sie ihnen für ihr Geld einen echten Gegenwert bieten. Für Ihre Konkurrenten wäre es extrem teuer, mit Ihrem Preis mitzuhalten, weil sie den für ein enormes Absatzvolumen und für alle ihre Produkte halten müßten.

Diese sogenannte „Matrixpreisstrategie" wird oft von Neueinsteigern angewendet, die sich auf ein preisempfindliches Segment konzentrieren. Sie wissen, daß ihre größeren Konkurrenten zwar auch sehr viele Abnehmer haben, denen der Preis nicht so wichtig ist, daß es für sie aber sehr schwierig ist, nur einem Teil der Kunden und nicht allen einen niedrigeren Preis zuzugestehen. Marktführende Unternehmen ignorieren oft den Preiswettbewerb seitens kleinerer Mitbewerber und nehmen diese nicht ernst. Obwohl das nun keine sehr kluge Strategie ist, wird sie von vielen Firmen, denen es in erster Linie um kurzfristige Gewinne geht, trotzdem angewendet. Als Neueinsteiger können Sie davon profitieren.

Falls es allerdings zum Schlimmsten kommt und ein Konkurrent massiv zurückschlägt, sollten Sie sich genau überlegen, wie Sie reagieren. Auch wenn ein Rückzug nach Feigheit aussieht, ist es vielleicht die beste Taktik. Große Unternehmen brauchen oft lange, bis sie reagieren, und dann trampeln sie wie eine Elefantenherde alles nieder, was ihnen in den Weg kommt. In einem solchen Fall klettert man am besten auf den nächsten Baum, um dem zu entgehen, und schließt sich dann wieder einer Guerillainitiative an.

SCHWER ZU BEEINDRUCKENDE ODER FEINDSELIGE CHEFS

Auch hier ist vorbeugen besser als heilen. Eine goldene Regel, die Sie sich als frischgebackener Chef zu Herzen nehmen sollten: Vorsicht, was Sie nach oben berichten. Decken Sie Ihren Vorgesetzten nicht mit vielen schriftlichen Berichten ein (die er wahrscheinlich sowieso nicht liest), und sprechen Sie nicht dauernd persönlich vor (was ihm leicht auf die Nerven gehen kann, so daß er einfach „abschaltet").

Sie können Ihren Chef ganz einfach für sich einnehmen. Finden Sie heraus, was ihm wichtig ist (die in Kapitel 4 erwähnten „Steckenpferde"), und lassen Sie ihm Daten oder Informationen zukommen, die für ihn von Interesse sind. Das heißt, daß Sie zumindest eine Zeitlang Ihre gewohnte ichzentrierte Sicht über Bord werfen und statt dessen die Welt einmal mit den Augen Ihres Chefs betrachten. Versuchen Sie, sich mit den Augen Ihres Chefs zu sehen, so haben Sie bessere Chancen, ihn bei Laune zu halten.

Fassen Sie das nicht falsch auf: Ich meine das weder zynisch, noch will ich Ihnen Ihre Selbstachtung nehmen oder Sie gar dazu ermutigen, sich bei Ihrem Chef einzuschmeicheln. Die Ziele Ihres Chefs müssen vom Standpunkt des Unternehmens aus legitim sein, damit Sie sie unterstützen können. Normalerweise wird das der Fall sein, auch wenn sie nicht unbedingt mit Ihren eigenen Zielen oder Ihrer Sicht der Dinge übereinstimmen. Ihr Chef sieht vieles von einem anderen Standpunkt. Wenn Sie das berücksichtigen, werden Sie gegebenenfalls seine Unterstützung besser mobilisieren können.

Natürlich kann es auch passieren, daß Ihr Chef Ihnen sein Wohlwollen wieder entzieht. Passen Sie auf, daß Sie es sofort bemerken. Viele gehen Konfrontationen und Unannehmlichkeiten möglichst aus dem Wege und scheuen sich, jemandem direkt negatives Feedback zu geben. Irgendwann kommt es dann aber doch heraus. Achten Sie deshalb auf erste Anzeichen. Vielleicht hat Ihr Chef plötzlich keine Zeit mehr für Sie, oder er weicht Ihrem Blick aus, oder er muß plötzlich schnell irgendwohin, sobald Sie auftauchen, oder er ist Ihnen gegenüber sonst irgendwie distanziert oder unfreundlich. Wenn sich solche Anzeichen häufen, ist erhöhte Wachsamkeit geboten.

In solchen Fällen sollten Sie die Initiative ergreifen und ihn fragen, ob Sie etwas falsch gemacht haben. Bemühen Sie sich um ein offenes und konstruktives Gespräch, bevor es zu spät ist.

EIN UNMOTIVIERTES TEAM

Eine Ursache für Mißerfolge kann schließlich darin liegen, daß Ihr Team nicht Ihrer Führung folgt und uninteressiert und unkooperativ scheint.

Trifft das nur auf ein oder zwei Mitarbeiter zu, ist es vielleicht ein isoliertes Problem. Wenn Sie allerdings den Eindruck haben, daß das gesamte Team ein allgemeines Unwohlsein erfaßt hat, liegt der Fehler wahrscheinlich eher bei Ihnen als bei Ihren Mitarbeitern. Das Team versucht wahrscheinlich, Ihnen ein kollektives – wenn vielleicht auch wenig konstruktives – Feedback zu geben. Seien Sie achtsam.

Noch ist die Zeit für ein klärendes Gespräch mit Ihrem Team nicht reif. Fragen Sie zunächst einen Mitarbeiter, dem Sie vertrauen und der Ihnen auf eine direkte Frage eine direkte Antwort geben wird. Fragen Sie ihn, ob Sie etwas falsch machen, und wenn ja, was.

Wenn Sie zu diesem Zeitpunkt ein unmotiviertes und uninteressiertes Team haben, dann nicht, weil es die falschen Leute sind – die sollten Sie nämlich schon längst ausgesiebt haben. Und normalerweise sind Menschen auch nicht passiv, unkreativ und energielos: Die meisten Menschen sind voll Leben, wenn sie ihre berufliche Situation positiv erleben. Wenn das Team nicht vital ist, machen Sie etwas falsch (möglicherweise machen auch Ihre Mitarbeiter etwas falsch, aber darum geht es nicht: Immerhin werden Sie dafür bezahlt, daß Sie sie führen und motivieren).

Finden Sie heraus, was nicht stimmt, und schaffen Sie Abhilfe. Normalerweise wird das ohne größere Probleme möglich sein. Und Mißerfolge sollten, wie wir schon zu Anfang festgestellt haben, etwas Positives sein, woraus Sie etwas lernen. Gehen Sie deshalb über Warnsignale nicht einfach hinweg, und schirmen Sie sich nicht dagegen ab. Sehen Sie Ihren Mißerfolgen mit Vertrauen, Reife und Optimismus ins Gesicht. Sie werden im nachhinein froh darüber sein.

Die zwei Wochen sind nun bald um, in denen Sie über Fehler und Mißerfolge nachdenken sollten. Sie sind hoffentlich jetzt um einiges klüger und auch stärker und haben mehr Vertrauen. Nehmen Sie die 80-Tage-Checkliste zur Hand, und wir werden sehen, ob unser Masochismuskurs tatsächlich Früchte getragen hat.

DIE 80-TAGE-CHECKLISTE

1. Haben Sie wichtige Ursachen für Mißerfolge identifiziert, die für Sie typisch sind?
   Wenn ja, nennen Sie die drei wichtigsten.

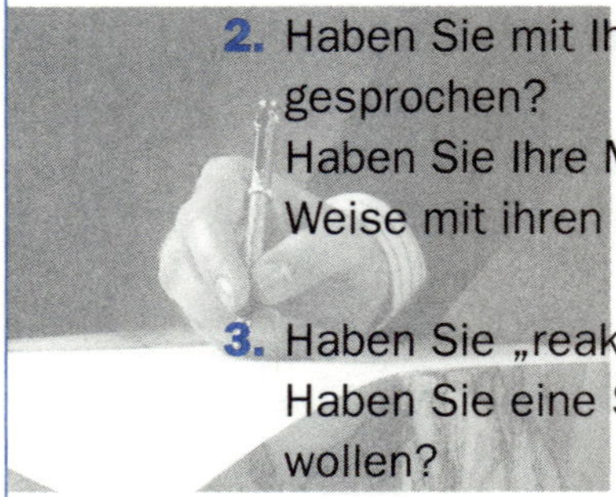

2. Haben Sie mit Ihrem Team offen über einige Ihrer „Mißerfolge“ gesprochen?
   Haben Sie Ihre Mitarbeiter aufgefordert, sich auf ähnliche Art und Weise mit ihren eigenen Mißerfolgen auseinanderzusetzen?

3. Haben Sie „reaktionäre Kräfte“ in Ihrem Unternehmen geortet?
   Haben Sie eine Strategie entworfen, wie Sie mit ihnen verfahren wollen?

4. Mit welchen zwei Methoden kann man am besten unwillkommene Reaktionen seitens der Konkurrenz von vornherein verhindern?

5. Wie verhindern Sie, daß Ihr Chef Ihnen seine Unterstützung entzieht?

6. Ist es Ihre Schuld, die Ihrer Mitarbeiter oder die Schuld beider Seiten, wenn das Team unmotiviert und unkooperativ ist?

Berechnung Ihrer Punktzahl

1. Die richtige Antwort lautet ja – und irgendwelche drei Gründe. Dafür bekommen Sie 20 Punkte.
2. Sie bekommen 20 Punkte, wenn Sie mit Ja geantwortet haben.
3. 15 Punkte, wenn Sie auf beide Fragen mit Ja geantwortet haben.
4. Geheimhaltung und List (Reaktionen für die Konkurrenz teuer machen). 10 Punkte für jede richtige Antwort.
5. Indem man seine „Steckenpferde" findet und sich darauf einstellt. 10 Punkte.
6. Ihre Schuld. Diese Antwort zählt 10 Punkte, keinen Punkt bekommen Sie für „die Schuld der Mitarbeiter" oder „die Schuld beider" (auch wenn beide schuld sein können, nehmen Sie vorläufig besser an, daß es nur Ihre Schuld ist).

Auswertung

75–100	Gut!
55–70	Aus Fehlern zu lernen ist nicht so leicht. Verlieren Sie aber nicht gleich den Mut. Gehen Sie noch einmal die Punkte durch, bei denen Sie danebengelegen haben.
0–50	Lesen Sie das ganze Kapitel noch einmal! Aus Fehlern zu lernen ist extrem wichtig. Machen Sie erst weiter, wenn Ihnen das ganz klar ist.

KAPITEL 11

Erfolgsstrategien für die Zukunft

Wir gehen natürlich davon aus, daß Sie nach Ihren ersten 100 Tagen nicht gleich in Pension gehen wollen; eine kleine Feier ist aber vielleicht doch angebracht. Deshalb ist jetzt der richtige Zeitpunkt, Ihre Erfolgsstrategien für die Zukunft zu entwerfen.

Viele basteln an Erfolgsstrategien, sobald Sie im Chefsessel sitzen. Aber das ist viel zu früh, da Sie zu dem Zeitpunkt Ihr Terrain noch nicht kennen. Denken Sie nur zurück, was Sie in den letzten 80 Tagen alles über die Eigenarten des Unternehmens und Ihrer Mitarbeiter gelernt haben!

Nutzen Sie jetzt, was Sie gelernt haben. Machen Sie sich ein paar Gedanken darüber, was im Bereich des Möglichen liegt und was Sie gerne erreichen möchten. Manche Chefs nehmen sich nie die Zeit, sich Erfolgsstrategien für die Zukunft zurechtzulegen. Ohne eine genauere Vorstellung ihrer Ziele bleiben sie hilflos den Ereignissen ausgeliefert. Das sollte Ihnen nicht passieren! Egal, wieviel Sie gerade zu tun haben und wie wenig Zeit Sie haben: Halt! Machen Sie die Tür zu, und nehmen Sie sich die Zeit, über die Zukunft nachzudenken.

Wie weit im voraus soll man planen? Das hängt ganz von der Stabilität bzw. Unbeständigkeit Ihrer wirtschaftlichen Umgebung ab. In der Modebranche ist ein Monat eine lange Zeit; für eine Universität ist ein Jahrhundert kurz. Wenn keine triftigen Gründe dagegen sprechen, sollte man einen relativ detaillierten Plan für die nächsten 12 Monate und einen etwas gröberen für die nächsten 2 Jahre haben.

DER JAHRESPLAN

In Ihrem Jahresplan sollten Sie festlegen, was Sie bis in einem Jahr für sich sowie für Ihr Team/Unternehmen bzw. mit Ihrem Team/Unternehmen erreicht haben wollen. Dafür werden Sie präzise Ziele formulieren müssen, damit Sie in einem Jahr auch überprüfen können, ob Sie sie erreicht haben oder nicht. Das bedeutet, Ihre Ziele müssen entweder in Zahlen ausdrückbar oder vom Ja/Nein-Typ sein, so daß in einem Jahr klar ist, ob sie verwirklicht wurden oder nicht. Ein gültiges Ziel ist z. B. „alle Mitarbeiter müssen bis zum 1.1.1998 über Wasser gehen können", weil Sie es am nächsten Fluß oder See objektiv überprüfen können, wohingegen „alle Mitarbeiter müssen sozial kompetent sein" kein geeignetes Ziel ist, weil es sich um eine subjektive Einschätzung handelt.

Bevor Sie sich aber hinsetzen und Ihre Ziele aufschreiben, sehen Sie sich die folgenden Fragen an. Sie werden Ihnen Hinweise darauf geben, welches für Sie sinnvolle Ziele sein können.

1. Wo liegen Ihre besonderen Stärken, nach denen Sie Ihre Ziele ausrichten können?
2. Wo liegen die Stärken des Teams?
3. Was ist für den Erfolg des Unternehmens und den Beitrag Ihres Teams wichtig, wurde bisher aber vernachlässigt oder nicht genug betont?
4. Wodurch würden Sie und Ihr Team im Unternehmen positiv auffallen? Welches Ziel müßten Sie erreichen, damit die Leute wirklich auf Sie aufmerksam werden?
5. Wie können Sie und Ihr Team am besten zur Wettbewerbsfähigkeit und zur Stärke Ihres Unternehmens sowie zu einem reibungslosen Betrieb beitragen?
6. Auf welches Ziel würden Sie und Ihr Team am liebsten hinarbeiten?
7. Welches Ziel kommt in Frage, das Sie mit großer Wahrscheinlichkeit auch erreichen können?

Anhand dieser Fragen müßten Sie eine Liste mit möglichen Zielsetzungen zusammenstellen können. Zeichnen Sie dann hinter jede Zielsetzung sieben Kästchen, in denen Sie ankreuzen, ob das jeweilige Ziel die sieben oben genannten Kriterien erfüllt. Die Ziele, bei denen Sie am meisten ankreuzen konnten, nehmen Sie in Ihren Jahresplan auf, sofern nicht zwingende Gründe dagegen sprechen.

Es gibt keine magische Grenze, was die Anzahl der Zielsetzungen angeht, mehr als sieben sollten es aber nicht sein. Es spricht viel dafür, sich für ein einziges besonders wichtiges Ziel zu entscheiden, die meisten entscheiden sich allerdings für drei bis fünf Ziele. Für Ihre Zielsetzungen muß es überprüfbare Kriterien oder Bedingungen geben, so daß Sie nach Ablauf eines Jahres auf die Frage „Haben wir dieses Ziel erreicht?“ eine eindeutige Antwort haben: ja oder nein.

WIE ERREICHEN SIE DIE JAHRESZIELE?

Ziele zu haben ist eine Sache, zu wissen, wie man sie erreicht, ist eine andere Sache. Hier ein paar Tips:

- Teilen Sie die Aufgabe, die Sie sich gestellt haben, in Zwischenschritte, für die Sie jeweils einen eigenen Zeitplan und eigene Zielvorgaben definieren.
- Vergewissern Sie sich, daß Sie und Ihr Team über genügend Munition verfügen. Wenn Sie mehr Mittel benötigen, beantragen oder ordern Sie diese so früh wie möglich, und vergewissern Sie sich, daß Sie sie auch bekommen.
- Teilen Sie Ihrem Team (aber sonst niemandem) mit, was Sie sich zum Ziel gesetzt haben. Stecken Sie Ihre Mitarbeiter mit Ihrem Enthusiasmus an.
- Rufen Sie sich jeden Tag das Ziel ins Gedächtnis. Lassen Sie nicht zu, daß es durch den Alltagsstreß in Vergessenheit gerät. Stellen Sie sich (und vielleicht auch einigen Ihrer Mitarbeiter) wenigstens einmal pro Woche die Frage, ob Sie sich noch auf dem richtigen Weg befinden!

In der Theorie klingt immer alles ganz gut. Ein praktisches Beispiel, wie brauchbare Jahresziele aussehen können, wird Ihnen sicherlich mehr helfen.

Der Jahresplan: Leiterin der Telefonvermittlung

Sie sind die neue Leiterin der Telefonvermittlung in der Pariser Niederlassung von Universal Wisdom Consulting Inc., einer schicken amerikanischen Consulting-Firma. Es gibt in der Niederlassung 52 Kundenberater (zum Großteil Franzosen, Engländer und Amerikaner), 16 Sekretärinnen und insgesamt 80 Telefonleitungen. Abgesehen von ein paar französischen und europäischen Kunden sind die meisten Kunden französische Tochtergesellschaften amerikanischer Konzerne.

Sie sind Französin, 35 Jahre alt und sehr ehrgeizig. Irgendwann möchten Sie Chefin der ganzen Verwaltung (Sekretariat und Finanzabteilungen) der Niederlassung sein. Sie wissen, daß Sie als ersten Schritt in diese Richtung zunächst eine erstklassige Telefonvermittlung auf die Beine stellen müssen. Die Telefonvermittlung hat im Unternehmen eine wichtige Funktion. Sie ist für potentielle Kunden die erste Anlaufstelle, und die Mitarbeiter telefonieren sehr viel mit Ihren Kunden und den anderen Universal Wisdom-Büros in ganz Amerika und Europa.

Bisher hielten Leiter oder Leiterinnen der Telefonvermittlung es nie länger als ein halbes Jahr aus, dann scheiterten sie an den Tücken der Technik und der Anmaßung der Kundenberater, die in der Mehrzahl arrogant und ungeduldig sind und keine Fehler durchgehen lassen. Sie machen dem Namen des Unternehmens alle Ehre: Sie wissen immer alles und haben immer recht.

Was haben Sie in Ihren ersten 80 Tagen gelernt?

Erstens sind Sie der Ansicht, daß die Mitarbeiterinnen in der Telefonvermittlung dort am falschen Platz sind. Es sind qualifizierte Kräfte, die den ganzen Tag in einem engen Büro sitzen, aus dem sie kaum einmal hinauskommen, und deshalb auch kaum Kontakt zu anderen Mitarbeitern haben. Die Telefonistinnen wechseln sehr oft, und die Arbeitsmoral ist nicht sehr hoch. Von den drei, die den Kern des Teams bilden, war eine inkompetent und unkooperativ und ist deshalb ersetzt worden.

Jetzt haben Sie drei gute, aber frustrierte Mitarbeiterinnen.

Zum Teil hat ihre Frustration damit zu tun, daß sie so isoliert sind, sie hängt aber auch mit den technischen Unzulänglichkeiten zusammen. Die Telefonanlage hat nicht genügend Leitungen. Außerdem kommt es immer wieder zu peinlichen Zwischenfällen. Zum Beispiel landen Anrufer, die zu einer Nebenstelle durchwählen, nach einiger Zeit wieder bei der Vermittlung, die Telefonistin kann sie aber nicht von neu hereinkommenden Anrufen unterscheiden. Viele Anrufer, vor allem von anderen Universal Wisdom-Büros, reagieren sehr ungehalten darauf.

Mit dem Chef der Niederlassung verstehen Sie sich zwar gut, doch ist er ein berüchtigter Geizhals und wehrt sich gegen jede Art von Ausgaben. Er sitzt auf seinem Geld wie der legendäre Onkel Dagobert.

Die Niederlassung läuft gut. Das Geschäft blüht und wirft gute Gewinne ab. Ein Nachteil ist, daß die Kundenberater viel unterwegs sind und die Sekretärinnen nicht immer wissen oder wissen wollen, wo sie zu erreichen sind. Deshalb erhalten die Kundenberater Nachrichten, die in der Telefonzentrale für sie eingehen, oft erst sehr viel später. Auch das führt zu unangenehmen Reaktionen.

Nach 80 Tagen ist Ihr angeborener Optimismus stark erschüttert. Sie machen sich nun, wie es in diesem Buch steht, Gedanken über Ihren Jahresplan. Sehr viel Spaß macht Ihnen die ganze Sache allerdings nicht. Sie sind jetzt bei dem Abschnitt mit den sieben Fragen angelangt. Die beantworten Sie wie folgt:

1. *Wo liegen Ihre besonderen Stärken?* „Im Aussuchen von schwierigen Jobs", murmeln Sie vor sich hin. Tatsächlich ist es aber eine Ihrer Stärken, die übergeordneten wirtschaftlichen Interessen eines Unternehmens zu erfassen und Ihren Job danach auszurichten. Sie wären auf einem Verwaltungsposten oder als Vertreterin genauso gut, wie Sie es als Leiterin der Telefonvermittlung sind.

2. *Und das Team?* Nun, Ihr gegenwärtiges Team beherrscht die Anlage einwandfrei und hat einen sehr angenehmen Umgangston mit Anrufern von außen wie mit Anrufern aus dem Haus. Ihre Kolleginnen sind extrovertiert und aufmerksam.

3. *Was fehlt?* Geht das aus dem oben Gesagten nicht hervor? Wir brauchen a) eine neue Anlage; b) eine neue Struktur, um den Informationsfluß mit den Kundenberatern und den Sekretärinnen zu gewährleisten; und c) eine bessere Organisation der Sekretärinnen, damit diese immer wissen, wo sie die Kundenberater erreichen können.

4. *Was würde positiv auffallen?* Fast hätten Sie gesagt: „Wenn die Vermittlung gut funktioniert", aber dann tun Sie es doch nicht. Sie haben die Erfahrung gemacht, daß zwar jeder merkt, wenn die Vermittlung nicht gut funktioniert,

es aber niemandem auffällt, wenn alles reibungslos läuft. Die Frage ist auch, wem etwas auffallen soll. Ihr eigentlicher Ansprechpartner ist in dieser Hinsicht der Chef der Niederlassung, denn er soll in erster Linie auf Sie und Ihre Arbeit aufmerksam werden.

5. *Was können Sie vor allem für das Unternehmen tun?* Wieder sagen Sie fast: „Eine gut funktionierende Vermittlung auf die Beine stellen", weil Sie wissen, wie wichtig das für das Image und die Effizienz des Unternehmens ist. Aber bei genauerer Betrachtung hätte das Unternehmen am meisten davon, wenn die Sekretärinnen immer Bescheid wüßten, wo die Kundenberater zu erreichen sind.

6. *Worüber würden Sie und Ihr Team sich am meisten freuen?* Über mehr Kontakt mit dem Rest des Unternehmens. Und wenn Sie aus Ihrer Besenkammer von Büro herauskommen könnten.

7. *Welche Ziele könnte man realistischerweise ansteuern?* Diese Frage quittieren Sie mit einem gequälten Lächeln: „Das fragen Sie mich?" Die zwei wichtigsten Ziele sind eine bessere technische Anlage und ein besserer Kontakt mit anderen Mitarbeitern. Alles andere wäre ein Kinderspiel.

Die Jahresziele der Leiterin

Jetzt sind Ihre Ziele eigentlich klar. Nichts wird sich bessern, solange Sie nicht eine neue Anlage bekommen. Wie Sie die Anlage gegen den Willen eines unerbittlichen Geizhalses durchsetzen, dazu kommen wir gleich. Zunächst können Sie aber noch weitere Ziele notieren, die den Punkt „Kontakt mit dem Rest des Unternehmens" angehen.

1. *Neue Anlage.* Dafür sorgen, daß innerhalb der nächsten 3 Monate (genaues Datum) eine neue Anlage installiert und in Betrieb genommen wird, die alles hat, was das Büro braucht, und die Kapazitäten für eine Erweiterung auf 150 Leitungen.

2. *Kontakt mit der restlichen Belegschaft.* Dafür sorgen, daß alle Telefonistinnen und auch Sie selbst innerhalb der nächsten 6 Monate (genaues Datum) zumindest jeweils 13 Kundenberater und 4 Sekretärinnen (jeweils andere) näher kennenlernen, so daß Sie und Ihr Team dann alle Mitarbeiter der Niederlassung kennen. Als Gegenprobe sollen dann die Kundenberater

und die Sekretärinnen auf einem Feedback-Formular eintragen, ob sie das Gefühl haben, die ihnen zugeteilte Telefonistin einigermaßen gut zu kennen, und ob sie mit ihrer Leistung zufrieden sind.

3. Dafür sorgen, daß in der Telefonvermittlung innerhalb der nächsten 12 Monate (genaues Datum) *ein neues System eingerichtet wird,* das sicherstellt, daß die Kundenberater jederzeit erreichbar sind. Entweder wird der Büroleiter davon zu überzeugen sein, daß solch ein System eingeführt werden muß, oder die Telefonistinnen halten jeweils selbst Kontakt mit „ihren" Kundenberatern.

4. Dafür sorgen, daß die Telefonvermittlung innerhalb der nächsten 12 Monate (genaues Datum) von ihren gegenwärtigen Räumlichkeiten *in die Empfangshalle umzieht.* Die Leiterin der Vermittlung soll gleichzeitig auch für die Rezeption zuständig sein, so daß im darauffolgenden Jahr zumindest ein Posten in der Rezeption eingespart werden kann, wodurch jährlich 250.000 Francs gespart werden könnten.

Sie haben inzwischen sicherlich erraten, wie der geizige Geschäftsführer davon zu überzeugen ist, daß eine neue Telefonanlage angeschafft werden muß. Zunächst müssen Sie eine Anlage finden, die billiger angemietet oder gekauft werden kann als die jetzige. Angesichts der ständigen Fortschritte in der Technologie und der zunehmenden Konkurrenz auf diesem Markt müßte das eigentlich möglich sein. Wenn nicht, sollten Sie dem Geschäftsführer vorrechnen, wie die Kosten für die neue Anlage durch die Zusammenlegung der Vermittlung und der Rezeption aufgebracht werden können und daß möglicherweise sogar noch weitere Einsparungen drin sind. Welcher Geizhals könnte dem widerstehen?

DER DREIJAHRESPLAN

Ihr Jahresplan, inklusive Zielsetzungen und anzuwendender Strategien, dürfte nun stehen. Der nächste Schritt ist die Erweiterung dieses Plans um zwei Jahre, so daß Sie insgesamt einen Dreijahresplan haben.

Worauf sollen Sie in den darauffolgenden zwei Jahren hinarbeiten? Hierhin gehören jene Bereiche, die Ihnen persönlich am Herzen liegen und die auch für das Unternehmen wichtig sind, die aber für das erste Jahr unrealistisch wären.

So hat sich z. B. unsere freundliche, aber ehrgeizige Chefin der Telefonvermittlung von oben vorgenommen, nach einem Jahr de facto das Personal der Rezeption unter sich zu haben. Wenn sie mit ihrem Team ihre Ziele für das erste Jahr erreicht, verfügt sie über gute persönliche Kontakte zu den Kundenberatern und zu den Sekretärinnen. Ein Grund dafür ist, daß die Vermittlung nun besser funktioniert, die anderen Mitarbeiter stehen ihr aber auch aufgrund ihrer Freundlichkeit und Hilfsbereitschaft wohlwollend gegenüber. Im Laufe der darauffolgenden zwei Jahre will sie zur Büroleiterin der Niederlassung aufsteigen. Ob sie das nun schafft oder nicht – ein persönliches Ziel, das unabhängig ist von den laufenden Aufgaben, hat in einem solchen Plan nichts zu suchen. Ein legitimes Ziel wäre aber sehr wohl, das Personal der Vermittlung und der Rezeption weiter zu konsolidieren, um Lohnkosten zu sparen, und dann einen Plan für eine bessere Zusammenarbeit und weniger Überschneidungen zwischen diesem Personal und dem Sekretariatspersonal auszuarbeiten. Wenn die Leiterin der Vermittlung mit Vorschlägen aufwarten kann, wie die Effizienz des Sekretariats gesteigert und Kosten eingespart werden können, um so besser.

Ihr Dreijahresplan sollte, wie schon der Einjahresplan, Zielvorgaben enthalten (die Zielerfüllung muß eindeutig meßbar sein) sowie Termine und Strategieüberlegungen zur Erreichung dieser Ziele. Der Plan braucht gar nicht sehr umfangreich zu sein. Es genügt, wenn er aus dem Jahresplan und dann noch ein oder zwei Seiten für die darauffolgenden zwei Jahre besteht. Wichtig ist allerdings, daß Sie ihn in jedem Quartal einmal durchgehen, Erfolge und ausgebliebene Erfolge bzw. Fehler festhalten und entsprechende Korrekturen vornehmen.

Im Unterschied zu den meisten anderen Unterlagen bekommen nur Sie diesen Plan zu Gesicht: weder Ihre Vorgesetzten noch (wahrscheinlich) Ihre Mitarbeiter sehen ihn. Erinnern Sie sich daran, wenn Sie Ihre Ziele notieren und sich Noten für deren Erfüllung oder Nichterfüllung geben. Die ganze Sache hat nur Sinn, wenn Sie sich selbst gegenüber schonungslos ehrlich sind. Dann, und nur dann, werden Sie sich leichter auf Ihre eigentlichen Ziele konzentrieren können und werden Sie und Ihr Team produktiver sein und mehr Spaß an der Arbeit haben.

DIE 90-TAGE-CHECKLISTE

1. Haben Sie einen Jahresplan und einen Dreijahresplan verfaßt?

2. Haben Sie sich im Detail Gedanken darüber gemacht, wie Sie Ihre Jahresziele erreichen können?

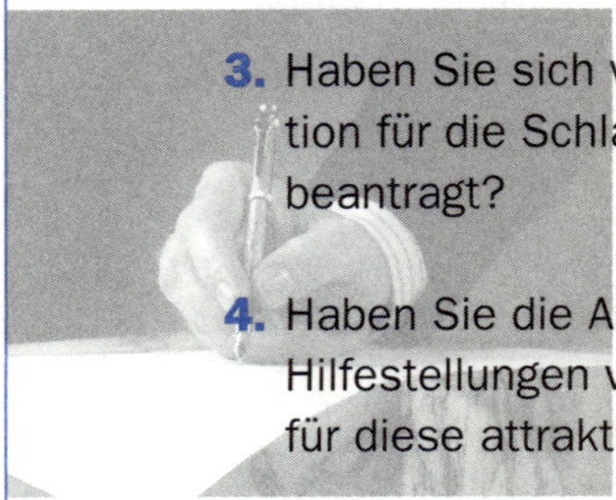

3. Haben Sie sich vergewissert, daß Sie auch über genügend Munition für die Schlacht verfügen? Haben Sie schon zusätzliche Mittel beantragt?

4. Haben Sie die Anforderung von zusätzlichen Mitteln oder sonstigen Hilfestellungen von seiten Ihrer Vorgesetzten so formuliert, daß es für diese attraktiv ist?

5. Glauben Sie, daß Ihr Team genauso daran interessiert ist, die Zielvorgaben zu erreichen, wie Sie selbst?

6. Wissen Sie, welche Ziele Sie sich für das zweite und dritte Jahr gesetzt haben, ohne nachsehen zu müssen?

7. Glauben Sie, Ihre Ziele für alle drei Jahre erreichen zu können?

Berechnung Ihrer Punktzahl

1. Jeweils 10 Punkte für ja.
2. 10 Punkte, wenn Sie mit Ja geantwortet haben.
3. 20 Punkte, wenn Sie beide Fragen mit Ja beantwortet haben; andernfalls bekommen Sie keine Punkte.
4. 10 Punkte, wenn Sie mit Ja geantwortet haben.
5. 20 Punkte, wenn Sie mit Ja geantwortet haben.
6. 10 Punkte, wenn Sie mit Ja geantwortet haben.
7. 20 Punkte, wenn Sie mit Ja geantwortet haben; wenn Sie gezögert haben, Ihre Antwort kein eindeutiges Ja war oder Sie mit Nein geantwortet haben, bekommen Sie keine Punkte.

Auswertung

70–100 Sehr gut: es wird allerdings darauf ankommen, ob die Ziele Ihnen auch stets gegenwärtig sind und Sie Ihre laufenden Fortschritte in dieser Richtung regelmäßig überprüfen.

50–60 Investieren Sie mehr Zeit, um wirklich gute Erfolgsstrategien für die Zukunft zu entwerfen.

0–40 Das ist zuwenig. Nehmen Sie noch einen Anlauf!

KAPITEL 12

In den Erfolg reinvestieren

Die letzten zwei Wochen Ihrer ersten 100 Tage sollten Sie in optimistischer Stimmung verbringen. Stoßen Sie darauf an, was Sie und Ihr Team zu leisten in der Lage sind.

Die meisten Menschen wollen möglichst ihre Schwächen korrigieren. Aber das geht fast immer schief und ist mit sehr viel Enttäuschung verbunden. Es gibt kaum Führungskräfte, die Allround-Genies sind, egal auf welchem Gebiet. Alle großen Führungspersönlichkeiten haben Schwächen, und das ist normalerweise weiter kein großes Problem. Kluge Manager stützen sich auf ihre Stärken und arrangieren die Welt um sich herum so, daß diese besonders zur Geltung kommen. Also: bauen Sie auf Ihre Stärken!

ÜBERDENKEN SIE IHRE BISHERIGEN ERFAHRUNGEN

Sie sind jetzt seit mindestens 90 Tagen der neue Chef oder die neue Chefin, und Sie haben schon mancherlei Anstrengungen unternommen, um sich in Ihrem neuen Wirkungskreis sicher zu fühlen. Denken Sie zurück, was gut funktioniert hat und was schiefgegangen ist. Analysieren Sie Ihre Erfahrungen in Hinblick auf die vier Bereiche, die wir uns näher angesehen haben:

Erfahrungen mit	Größere Mißerfolge	Größere Erfolge
1. Ihrem Team		
2. Kollegen		
3. Kunden/Klienten		
4. Konkurrenten		

Sehen Sie sich Ihre Mißerfolge an und was Sie daraus lernen können. Ist ein Mißerfolg auf eine persönliche Schwäche Ihrerseits zurückzuführen, sollten Sie die betreffende Aufgabe in Zukunft besser jemandem aus Ihrem Team überlassen, anstatt zu versuchen, Ihre Schwäche auszugleichen.

Halten Sie sich aber nicht zu lange mit den Mißerfolgen auf. Nehmen Sie sich mehr Zeit für die rechte Spalte: die Erfolge! Denken Sie darüber nach, was gut funktioniert hat, und vor allem, in welchen Fällen dies auf die „Magie des Teams" zurückzuführen war: auf die besondere Zusammensetzung Ihres Teams, die zu einer Leistung geführt hat, die kein Mitarbeiter alleine zustande gebracht oder die niemand für möglich gehalten hätte. Es sollten Ihnen zumindest drei Beispiele einfallen, wo die „Magie des Teams" in den letzten Wochen viel bewirkt hat.

Überlegen Sie nun in zwei Richtungen. Überlegen Sie erstens, welche Faktoren in allen Situationen eine Rolle spielten, in denen Sie und das Team sehr erfolgreich waren, und welche weiteren Umstände ähnliche Erfolge ermöglichen könnten. Finden Sie mit anderen Worten heraus, welche Aufgabenbereiche für Ihr Team ein Heimspiel sind. Und überlegen Sie dann, wie Sie mit Ihrem Team vorrangig in solchen Bereichen tätig werden können.

Machen Sie sich zweitens Gedanken darüber, wie Sie Ihre Erfolge weiter ausbauen können. Könnten Sie in bestimmten Bereichen noch erfolgreicher agieren? Könnten Sie Ihren Erfolg dort noch ausbauen? Wie weit können Sie einen Erfolg ohne negative Konsequenzen „ausschlachten"?

Nur ein Beispiel: Ein Team einer der weltweit größten Handelsbanken war mit einem von ihm entwickelten Handelsgeschäft extrem erfolgreich. Es war ein sehr rentabler Bereich, und obwohl sich auch Konkurrenten auf dem Markt einstellten, konnte die Bank, die als erste in dem Bereich tätig geworden war, ihren Wettbewerbsvorteil halten. Sie hatte in dieser Marktnische einen sehr guten Ruf, und ihre Händler hatten den besten Instinkt dafür, wie der Markt sich entwickeln würde.

Das Team befürchtete aber, daß sein Markt in ein paar Jahren wegbrechen oder zumindest sehr schrumpfen würde, und sah sich deshalb nach Diversifikationsmöglichkeiten um. Sie stießen auf ein paar Bereiche, die vielversprechend waren, aber doch nicht dasselbe Gewinnpotential aufwiesen. Eines Morgens wachte einer der Händler mit dem Gedanken auf: „Holen wir auch wirklich das meiste aus unserem bestehenden Markt heraus?“ Er sprach mit seinen Kollegen darüber, und sie kamen übereinstimmend zu der Überzeugung, daß das nicht der Fall war. Indem die Händler nun verstärkt und ohne großes zusätzliches Risiko in den Märkten tätig wurden, in denen sie sowieso schon operierten, konnten sie innerhalb von zwei Jahren ihre Gewinne verdoppeln. Und wie es so kommt, blieb ihnen der Markt, um den sie sich gesorgt hatten, erhalten, er schrumpfte nicht einmal!

Das ist vielleicht ein banales Beispiel, aber es ist ganz typisch. Man kann sich durchaus Gedanken machen, ob „etwas Gutes“ auch anhalten wird. Sinnvoller ist es allerdings, sich zu überlegen, ob man Tätigkeitsbereiche, in denen man sehr erfolgreich agiert, nicht noch intensivieren oder ausbauen kann.

DIE MACHT DER EXTRAPOLATION

Wenn Sie auf einen eindeutigen Erfolg verweisen können, überlegen Sie, wie Sie diesen Erfolg extrapolieren bzw. konsequent in größerem Rahmen verfolgen können. Wie würden Sie Ihre Tätigkeitsbereiche, in denen Sie erfolgreich sind, intensivieren und ausweiten, wenn die Entscheidung bei Ihnen läge? Träumen Sie ruhig ein bißchen. Und überlegen Sie dann, was in der Praxis machbar wäre.

Solche „positiven Reflexionssitzungen“ sind meist noch viel effektiver, wenn Sie sie nicht allein im stillen Kämmerchen, sondern gemeinsam mit dem gesamten Team abhalten. Dabei kann es vorteilhaft sein, nicht nur das engste Team, sondern sämtliche Mitarbeiter der Abteilung hinzuzuziehen, wenn das logistisch machbar ist.

DIE MACHT DES GENIESSENS

Das große Geheimnis, das hinter jedem Erfolg steht, ist, daß man etwas gern tut. Den meisten von uns hat man beigebracht, daß Arbeit eine ernste Angelegenheit ist, die nichts mit Spaß zu tun hat: Doch mit der Freude schwindet auch die Effektivität. Sehen Sie sich deshalb nach Aufgabenbereichen um, die Ihnen und Ihrem Team Spaß machen und dem Unternehmen gleichzeitig etwas einbringen.

Was macht Ihrem Team am meisten Spaß? Wie können Sie dem Team diesen Spaß ermöglichen? Verschaffen Sie Ihrem Team den Spaß an der Sache und ist das Team dann erfolgreich, wird das einen Kreislauf in Gang setzen. Das gemeinsame Erfolgserlebnis wird mehr Vertrauen und verstärkte Teamarbeit hervorbringen, dieses wiederum größeren Erfolg und so fort.

DIE MACHT DER BEGEISTERUNG

Das Leben ist keine Aufnahmeprüfung für den öffentlichen Dienst. Diejenigen, die in der Geschäftswelt den meisten Erfolg haben, sind im allgemeinen nicht diejenigen, die intelligenter sind als alle anderen. In der Regel sind es die Menschen, die am entschlossensten, am motiviertesten und mit der größten Begeisterung bei der Sache sind. Man ist leicht zu motivieren und geht mit Begeisterung seiner Arbeit nach, wenn sie einem Spaß macht. Anders hingegen ist das kaum möglich.

Begeisterung ist ansteckend. Sie baut Hindernisse ab. Sie spornt das Team an, sich noch mehr Mühe zu geben. Sie fördert kreative Lösungen zutage, wo sich eben noch unüberwindbare Mauern erhoben haben. Sie dringt bis zu den Mitarbeitern in anderen Abteilungen durch, zu den Kunden und zu allen anderen, die Ihnen im Laufe Ihres Arbeitstages irgendwie helfen können. Sie erzeugt einen mächtigen Kraftstrom, dessen Wirkung weit über die formale Bedeutung Ihres Teams hinausgeht. Begeisterung sickert in Widerstandsnester und kann auch den schärfsten Zynismus entkräften. Sie kann, einfach ausgedrückt, die Welt verändern.

Je mehr Zeit Sie täglich mit Dingen verbringen, für die Sie sich ehrlich begeistern können, desto effektiver werden Sie sein. Delegieren Sie alles andere, teilen Sie es anderen zu, machen Sie sich davon frei, oder lassen Sie es einfach links liegen. Dasselbe gilt auch für Ihr Team. Schaffen Sie eine Struktur, mit deren Hilfe möglichst viele Ihrer Mitarbeiter möglichst viel Zeit mit Aufgaben zubringen können, die sie mit Begeisterung tun.

Ihr Team soll Begeisterung ausstrahlen!

Setzen sie es sich zum Ziel, daß Ihr Team seine Aufgaben mit mehr Begeisterung erfüllt als das restliche Unternehmen. (Wenn der Begeisterungspegel im Unternehmen sehr niedrig ist, sollte Ihr Team nicht nur diesen übertreffen, sondern auch absolut gesehen einen hohen Begeisterungspegel erreichen.)

Sie können sicher sein, daß man Ihre Begeisterung und die Ihres Teams registrieren wird. Viele im Unternehmen werden vielleicht nicht die leiseste Ahnung haben, was Sie und Ihr Team eigentlich tun; daß Ihnen Ihre Arbeit aber großen Spaß macht, werden sie merken. Ihr Team sollte in aller Stille zu so etwas wie einer Missionarsgruppe für den Rest des Unternehmens werden. Versuchen Sie, alle anderen durch Ihr Beispiel zu Teamgeist, Spaß an der Arbeit und Begeisterung zu bekehren.

Je mehr sich das gesamte Unternehmen Ihre Werte und die Ihres Teams zu eigen macht, desto leichter wird es für Sie sein, in Zukunft ein größeres Team zu führen und vielleicht irgendwann sogar das ganze Unternehmen, wenn Sie es denn wirklich wollen.

IHRE 100-TAGE-MEDAILLE

Wenn Ihre ersten 100 Tage für Sie und auch für Ihr Team in optimistischer Stimmung zu Ende gehen, ist das ein großer Erfolg und ein Grund zum Feiern. Ihre nächsten 100 Tage werden nicht mehr so schwierig sein, weil Sie die ärgsten Schwierigkeiten mit Ihrem Team bereits hinter sich gebracht haben und das Team bereits effizient zusammenarbeitet.

Vielleicht ist es auch angebracht, Ihrem Team zu gratulieren, daß es seine ersten 100 Tage mit Ihnen als neuem Chef oder neuer Chefin unbeschadet überstanden hat. Einen neuen Chef zu bekommen ist oft genauso schwer, wie dieser neue Chef zu sein.

Wenn dieses Buch sein Ziel erreicht hat, dann haben Sie bereits ein paar tickende Zeitbomben entschärft, schwierige Mitarbeiter für sich gewonnen oder ausgeschieden, Teamgeist geschaffen, Ihre Leistungen für Kunden oder Klienten verbessert, die Gesamtkompetenz des Unternehmens gestärkt, die Konkurrenz geschwächt, eine Beziehung zu Ihren Vorgesetzten aufgebaut und Mittel und Wege gefunden, daß Sie und Ihr Team in den Aufgabenbereichen tätig sein können, in denen Ihre Stärken liegen und die Ihnen am meisten Spaß machen.

Das ist eine sehr lange Liste. Wahrscheinlich sind Sie nicht in allen Punkten ganz sicher, ob Sie tatsächlich in diesem Traumland angelangt sind. Stellen Sie sich deshalb zum Schluß ganz einfach die folgenden zwei Fragen:

- Haben Sie und Ihr Team neue Kraft geschöpft?
- Setzen Sie diese Kraft ein, damit Ihr Unternehmen für seine Klientel eine bessere Lösung erbringen kann?

Herzlichen Glückwunsch, wenn Sie beide Fragen mit Ja beantworten können! Weitere Tests und Worte sind nun überflüssig.

Register

Im FALKEN Verlag sind zahlreiche Titel zu den Themen Bewerbung/Beruf/Karriere erschienen. Bitte fragen Sie in Ihrer Buchhandlung.

Dieses Buch wurde auf chlorfrei gebleichtem und säurefreiem Papier gedruckt.

Die Deutsche Bibliothek – CIP-Einheitsaufnahme

Koch, Richard:
Die ersten 100 Tage als Chef : das Trainingsprogramm für Vorgesetzte / Richard Koch. Im, The Institute of Management. – Niedernhausen/Ts. : FALKEN, 1997
(FALKEN & Pitman Management)
ISBN 3-8068-4972-2

ISBN 3 8068 4972 2

Umschlaggestaltung: Peter Udo Pinzer
Layout: Klaus Ohl, Wiesbaden
Redaktion: Christel Fischer, Wiesbaden
Koordination und Schlußredaktion: Dr. Petra Begemann
Herstellung: Albert Brühl
Fotos: Inhaltsverzeichnis und Kapitelaufmacher: Tony Stone, München (Ron Lowery); Checklisten: Christian Wauer, Wiesbaden

Satz: Raasch & Partner GmbH, Neu-Isenburg
Druck: Offizin Andersen Nexö Leipzig
ein Betrieb der INTERDRUCK Graphischer Großbetrieb GmbH, Leipzig

817 2635 4453 6271